丙辉漫谈

青春彼岸的爱情

路丙辉◎著

高校思想政治理论课『思想道德与法治』教学创新与实践详案丛书

安徽师范大学出版社
ANHUI NORMAL UNIVERSITY PRESS
·芜湖·

图书在版编目(CIP)数据

丙辉漫谈.青春彼岸的爱情 / 路丙辉著.— 芜湖：安徽师范大学出版社，2022.9(2023.11重印)

(高校思想政治理论课“思想道德与法治”教学创新与实践详案丛书 / 路丙辉总主编)

ISBN 978-7-5676-5615-4

Ⅰ.①丙… Ⅱ.①路… Ⅲ.①高等学校—思想政治教育—中国—文集 Ⅳ.①G641-53

中国版本图书馆CIP数据核字(2022)第046437号

丙辉漫谈·青春彼岸的爱情 路丙辉◎著

BINGHUI MANTAN QINGCHUN BI'AN DE AIQING

责任编辑：陈　艳　　　　责任校对：谢晓博

装帧设计：王晴晴　汤彬彬　　责任印制：桑国磊

出版发行：安徽师范大学出版社

芜湖市北京中路2号安徽师范大学赭山校区

网　　址：http://www.ahnupress.com/

发 行 部：0553-3883578　5910327　5910310(传真)

印　　刷：江苏凤凰数码印务有限公司

版　　次：2022年9月第1版

印　　次：2023年11月第2次印刷

规　　格：700 mm × 1000 mm　1/16

印　　张：9

字　　数：119千字

书　　号：ISBN 978-7-5676-5615-4

定　　价：37.00元

本套丛书是以下项目的阶段性成果

1. 全国高校思政课建设项目：全国高校思政课名师工作室（安徽师范大学）（项目批准号：21SZJS34010370）；

2. 教育部高校思政工作队伍培训研修中心专项；

3. 安徽省高峰学科（马克思主义理论）建设计划项目；

4. 2019 年安徽省质量工程立项虚拟仿真实验教学项目“皖南红色文化虚拟仿真实训中心”（项目编号：2019xfxm30）；

5. 2020 年安徽省“三全育人”试点省建设暨高校思想政治工作能力提升项目：思想政治理论课教学科研团队择优支持项目“思想政治理论课考试考核办法研究”（项目编号：sztsjh-2020-7-1）；

6. 2020 年校级本科公共课程“《思想道德修养与法律基础》一流本科课程项目”；

总 序

习近平总书记在2019年学校思想政治理论课教师座谈会上指出："思政课是落实立德树人根本任务的关键课程，思政课作用不可替代，思政课教师队伍责任重大。"①从讲话的全文看，总书记指出思政课教师要落实这个"关键"作用，应主要在两个方面下功夫，一是提升思政课教师的素养要做到"六要"，一是推动思政课改革创新要做到八个"统一"。其中，总书记在讲到要"坚持统一性和多样性相统一"时，特别强调："思政课教师在教学中要把统编教材作为依据，确保教学的规范性、科学性、权威性，同时也不能简单照本宣科。教材给出的是教学的基本结论和简要论述，要让不同类型的学生都爱听爱学、听懂学会，需要做很多创造性工作。要在教学过程中进行多样化探索，通过多种方式实现教学目标。"②这一重要论述对于我们思政课一线教师在创新教案和编撰教辅材料方面具有十分重要的指导价值。

2019年以来，中共中央办公厅、国务院办公厅、教育部连续下发了

① 习近平．论党的宣传工作[M]．北京：中央文献出版社，2020：373.

② 习近平．论党的宣传工作[M]．北京：中央文献出版社，2020：385.

《关于深化新时代学校思想政治理论课改革创新的若干意见》等一系列旨在提升学校思想政治教育实效性的文件，打出了政策落地见效的“组合拳”，为高校思想政治理论课建设一流课程提供了优越的条件，在宏观层面为青年大学生“摆上一桌可口的饭菜”做足了准备。但是，毋庸讳言，在实际工作中，教师们端上的精品“饭菜”，学生有没有胃口，是否愿意吃，能否在提高思想政治教育针对性、实效性等方面真正起到作用，却并不是文件本身决定的，在一定程度上，还要看教师在落实文件的过程中，是否高度关注并在实践中扫除了学生思想上的“小障碍”。

一

从“精品课程”建设到“一流课程”建设，高校思想政治教育工作一是在教材的理论深度上用功，二是在教学的实践强度上用力，产出了一大批成果。但从这些成果看，学者研究了教材，研究了教法，研究了理论本身的逻辑性、系统性、科学性，却少有人关注青年大学生的思想实际需要。客观而言，这仿佛是一个无奈的选择。一方面，不关注理论研究，教给学生的理论得不到应有的发展，显然是不合适的。另一方面，不将这种“思想实际需要”给以理论的研究和指导，而只迎合或关注学生的思想实际需要本身，又可能逐步降低教师的理论水平。因此，无奈选择的结果是，学生思想实际的需要不得不让渡给教学和研究的理论演绎。事实上，这种现象并非无人关注，正如一些学者所言，影响思想政治教育实效性的因素很多，在一些地方，形式主义、脱离实际，再加上理论研究不够深入，“唯书、唯上、不唯实”，使得思想政治教育的基础脱离现实，这应该是思想政治教育实践过程中所遭遇的突出问题和实效性困境。

学生的思想实际需要是什么？我们认为，就是学生关心的与他们的现实生活学习紧密关联的利益追求。因为“人类奋斗所争取的一切，都与他们的利益有关”。在我们从国家层面讨论和实践“为谁培养人”的时候，学生首先关注的还是他们的切身利益问题，之后才会关注成为国家和社会需要的人。正如马克思所言，“人们首先必须吃、喝、住、穿，然后才能从事政治、科学、艺术、宗教等等”[①]。又说，“‘思想’一旦离开‘利益’，就一定会使自己出丑”[②]。因此，关注学生的思想实际需要，应成为思想政治理论课教师的行为自觉。不能主观地认为，我们用心做出来的“饭菜”，他们“应该”都需要。

在现实生活实践中，正是因为一些思想实际需要没有得到及时应有的解决，往往成为学生思想上的“小障碍”。言其“小”，一是因为这些实际需要作为一个“问题”对于教师而言，要回答的内容并不多。比如，如何与宿舍的同学处理好人际关系？失恋了怎么办？等等。二是因为这些实际需要作为一个“困难”对于教师而言，要解决的难度并不大。比如，如何做好大学课堂的笔记？如何跟上老师讲课的节奏？言其是“障碍”，是因为这些“问题”或“困难”，对于教师来说可能很容易处理，但对于一些青年学生来说，却并不是我们想象得那么“容易”。由于思维方式和实践能力的局限，这些“问题”或“困难”可能就成为他们向前走的“绊脚石”。因此，所谓学生思想上的“小障碍”，就是指那些因思想实际需要没有得到及时解决而导致学生思想认识出现偏差的“问题”或“困难”。事实证明，这些“小障碍”如果不能得到及时的解决，可能就成为思想政治教育难起实效的“大阻碍”。毛泽东曾说过，“对于广大

① 马克思，恩格斯．马克思恩格斯选集：第三卷[M]．北京：人民出版社，1995：776.

② 马克思，恩格斯．马克思恩格斯文集：第一卷[M]．北京：人民出版社，2009：286.

群众的切身利益问题，群众的生活问题，就一点也不能疏忽，一点也不能看轻。”[①]“一切群众的实际生活问题，都是我们应当注意的问题。”[②]习近平进一步指出：“要抓住人民最关心最直接最现实的利益问题，把人民群众的小事当作我们的大事，从人民群众关心的事情做起，从让人民满意的事情抓起。”[③]因此，思想政治教育在关注宏观方向性问题的时候，一点也不能忽视学生的思想实际需要，甚至要在教学实践中花费一定的时间，专门关注学生思想上的“小障碍”。从教学实践来看，大凡教学实效性抓得比较好的学校或个人，无不在相关方面下过扎实的功夫，他们对于学生思想上的“小障碍”都有比较准确的认识和把握。

具体而言，学生思想上的“小障碍”在内容上主要关涉两个方面。一是与学习生活相关的方面，即围绕专业学习可能产生的一系列问题。其中，专业学习适应问题尤为突出。在内容上，从中学的基础性——什么都学一点，到大学的专业性——专门围绕某一学科设置专业基础课，学习的广度和深度发生了重大变化。在方法上，从中学的严格型要求到大学的宽松型要求，是一次重大的转变。一些学生很难适应这种变化，大到上课根本听不懂，小到下课不知如何跟进教师的教学进度，诸如此类的问题常常让一些学生手足无措，十分茫然。一些学校安排的专业学习指导，大多是在面上以经验介绍的方式给以引导，但针对性并不强。专业学习看似与思想政治教育一点关系也没有，但从结果看，学生因为学习困难而导致思想认识陷入误区，以致行为失范的现象时有发生，这

① 中共中央文献研究室．毛泽东 邓小平 江泽民论党的建设[M]．北京：中央文献出版社，1998：20.

② 中共中央文献研究室．毛泽东 邓小平 江泽民论党的建设[M]．北京：中央文献出版社，1998：21.

③ 习近平．习近平谈治国理政：第三卷[M]．北京：外文出版社，2020：135.

在根本的意义上，就是思想政治教育的问题。从表象上看，学生可能认为，“我的思想没有问题，而我的专业学习有问题”。所以，他们在上思想政治理论课的时候，有紧张地做作业、看与其他专业相关的书等不当现象。他们之所以忽视老师的存在，是因为他们要用自己的方法解决自己的问题。显然，这恰恰就是思想政治教育者的工作。二是与成长环境有关的方面，即个体成长的过程中与周边环境可能产生的一系列问题。其中人际关系问题十分常见。由于学生在过去的生活经历中大多数时间专注于文化课的学习，缺少人际交往，甚至一些家长为了保证学习时间，不让自己的孩子有正常的人际交往，从而导致一些学生不懂得如何与异性交往，如何与意见不一的人交流，如何在宿舍中营造和谐人际关系，如何与辅导员或专业教师相处，等等，在社会上看来司空见惯的基本生存技能，在一些青年大学生那里可能是难题。这些都应引起我们的注意。

从具体表现上看，学生思想上的“小障碍”具有两个主要特征。一是障碍的内容具有普遍性。由于青年学生在中小学接受的教育、成长的环境、家庭教育的状态多是大同小异，所以，学生走进大学后遇到的思想上的“小障碍”，多数情况下具有内容的相似性和存在状态的广泛性等特征。虽然每个人的问题都不同，问题提出的表达方式不同，但通过一段时间的积累就会发现，学生的这些思想障碍并非个性化的存在，而是有一定的规律可循。二是障碍的发生具有随机性。因为不同的境遇和不同的生活实践，学生思想上的“小障碍”会在什么时候发生，并没有一个固定的时间和确定的内容。有时候教师主动关心学生，询问学生有没有什么问题或困难需要教师提供帮助时，学生可能都说没有，但在另一个时间里，学生又突然冒出来很多问题。独立地审视这些“小障碍”，并没有什么特别清晰的规律。一般情况下，我们只能在一个相对的时间段，预判可能会有一个问题群，但具体到某一个问题以及会在什么时候出现，不同的学生又是不同的。

二

思想政治教育工作强调的针对性，不言而喻是指教育的内容和方法要针对学生的思想实际需要。但从思想政治教育实效性还没有达到理想状态的现实看，我们的针对性还不够精准，我们用力的“针”并没有对准学生需要的“穴”。宏观而言，我们的针对性主要关涉学生的成长需要和理论学习的需要。作为主体的学生是否意识到这种需要，是否将思想政治教育工作者用心准备的内容当作自己的需要，并没有得到教育者们应有的关注。一般而言，学生走进课堂，认真学习是天经地义的，可以说，从他们第一天走进教室就开始如此了。一些教师想到的只是他们的接受程度，而很少想到他们是否愿意接受，一些教师把凡是不愿意努力或表现不好的学生都一概而论地认为是学生学习不认真，对其态度多是严肃批评，这些都在客观上导致了一些教师很少意识到坐在我们面前的学生是有思想、有情绪、有主观能动性的人。事实上，学生从小学到大学，走进课堂时无不带着自己丰富多彩的思想。在这些多彩的思想情绪中，难免会有一些因素导致他们的学习态度出现问题。因此，不扫清这些思想实际中的“小障碍”，思想政治教育的课堂想真切地提升实效就是一句空话。

首先，扫清这些“小障碍”可以为学生愉快地学习提供思想保障。思想政治教育有什么用？受“学以致用”观念熏陶的国人习惯于从这个角度来审视思想政治教育工作，一般的结论多从表面化的现象去回应这个问题。因为思想政治教育的作用看不见摸不着，也不大可能会立竿见影，所以，人们常常将思想政治教育误读为在做“无用功”。其实不然。思想政治教育不仅在宏观的层面回应“为谁培养人”，中观层面影响人们的“三观”，还在微观层面解决人们行为的“愿不愿”。这三个层次的划分是依据国家、社会、个人三个维度进行的，因此，其功用首先表现为鲜明的独立性。思想政治教育的作用有多大，在不同的维度可以有不同的判断。只有从宏观、中观到微观三个层面系统分析时，其功用才表现为不可分割的相互联系，才有大小高低之分。也就是说，国家层面的“为谁培养人”的价值引领作用，社会层面的“三观”教育作用，个体层面在行为上的积极引导作用，是同一个系统中思想政治教育的不同功用。系统的功用虽然看不见摸不着，但客观存在，不以人的意志为转移，个体积极的行为才能使“三观”教育成为可能，从而使“为谁培养人”获得满意的答案。换句话说，通过思想政治教育，一个大学生愿意在大学期间努力学习，树立了马克思主义的世界观、人生观、价值观，他将来一定可以成为社会主义建设者和接班人。可见，思想政治教育对个体行为的引导作用，在系统中处于基础和关键的地位。“基础不牢，地动山摇”。

在工作实践中，人们多在宏观层面和中观层面用力，有时会把微观层面的功用有意无意地忽略了，甚至认为这是学生自己的事情。用一些教师的话说，“学生的天职就是学习，还用问‘愿不愿’的问题吗？”但事实上，对于青年大学生来说，作为独立的有主观能动性的个体，其接受的教育或影响能否激发他们的自觉自愿直接影响他们的行为选择。在他们看来，“为谁培养人”主要是管理者的事情，“三观”教育主要是教师的责任。虽然这两个方面对他们都有影响，都是为他们好，但是，只有这种“好”能激发他们的自觉性，才是真正的好。也就是说，“愿不愿”才是他们最关注的事情。因此，我们经常会听到学生在接到工作指令的时候反问，“我为什么要去做？会加学分吗？”一些学者以为，这是新时代大学生“功利化”的表现，做什么都要“加学分”。一些学者对学生“逃课”“玩游戏”“抬头率低”等不认真学习的现象表示不理解，认为学生到学校就“应该”认真学习。我们常常会听到类似“现在的学生都怎么了”的诘问，却少看到学者们关注受教育者内心的需求。试想，如果一个青年大学生正在为如何与人交往，或交往中出现了问题而十分烦恼，又求助无门，他会认真听课吗？会对课堂上的价值观教育感兴趣吗？肯定不会的。这些看似青年学生思想上的“小障碍”，如果不能被及时清理，思想政治教育工作就很难展开。这种现象其实在成人世界也十分常见。即使是教育者本人，也很难快速排除这些“小障碍”而集中注意力从事手头的工作。

其次，扫清这些“小障碍”可以为学生感知社会提供正确引领。青年大学生对社会的关注是十分自觉的，不仅关注的面很广，而且多为社会热点问题。但由于生活阅历和知识储备等限制，他们的关注又往往是浅层次的。在认识方法上多表现为单向度的，常常只看到问题的一面，以点概面、以偏概全。在认识事物的结论上多表现为人云亦云，没有主见，没有新意，容易从众。认识事物不够周延，是青年学生思想认识的特点，无可厚非。但这应引起思想政治教育者的注意。正是因为学生对社会关注存在着行为的主动性、方法的单一性、结论的从众性，才使正确的引导成为必需，使思想政治教育工作能见实效成为可能。但问题在于，课堂教学往往因为教学任务没有主动结合社会热点而使得学生的关注点与思想政治教育的着力点发生错位，不仅容易使学生感到思想政治教育“无用”，而且因为不能得到及时的正确的引导，甚至被一些有问题的认识“误导”，从而使学生产生认识社会的思想上的“小障碍”。这些“小障碍”如不及时加以清除，就有可能在学生的现实生活实践中有所反映，使他们对社会产生怀疑，甚至产生逆反的情绪。大学生中时不时出现的一些“愤青”“废青”“积极废人”“佛系青年”，大多因为思想认识的“小障碍”所致。因此，思想政治教育工作者应密切关注学生的思想状况，抢占思想政治教育的先机，引导他们正确认识自己所看到的各类社会问题。

最后，扫清这些“小障碍”可以为学校思想政治教育营造良好环境。马克思主义认为，人创造环境，同样，环境也创造人，这说出了人与环境相互成就的关系。学校思想政治教育既要充分发挥思想政治教育的作用，为学生营造良好的成长环境服务，涵养优质的思想政治教育的环境资源，又要通过思想政治教育营造的良好环境为思想政治教育服务。单纯的课堂教学是无法营造理想的校园思想政治教育环境的，必须多维度多方面协同共建。只有紧紧抓住环境营造的主体，才能保证校园环境的质量。一些现象的背后，大多是学生思想认识上的“小障碍”在起作用。比如，“都大学生了，还把我们当小孩子耍”，“大学期间，学习不再重要，重要的是能力强不强”，“大学是个小社会，充满着各种你死我活的竞争，人与人之间只有永恒的竞争，没有真实的友谊”。诸如此类的认识，既有道听途说的影响，也有对现实表象的误判。说到底，这些思想认识的“小障碍”之所以会在大学生群体中潜滋暗长，甚至传播，根本上是由于大学生受社会阅历和自身知识水平的制约，没有得到及时的引导所致。不扫清这些“小障碍”，良好的校园思想政治教育环境就难以形成。

三

长期以来，安徽师范大学马克思主义学院十分注重在大学生思想政治理论课的教学过程中，关注学生思想上的“小障碍”，在理论教学和实践教学方面，尽力采用不同的方式方法，努力扫清学生思想上的“小障碍”。

2021年，适逢高校思想政治理论课“05方案”执行以来《思想道德修养与法律基础》最新修订，这是进一步贯彻落实习近平总书记2019年在学校思想政治理论课教师座谈会上的讲话精神，让不同类型的学生都爱听爱学、听懂学会，“在教学过程中进行多样化探索，通过多种方式实现教学目标”的好时机。因此，如何尽快吃透新版统编的《思想道德与法治》教材，真正做到紧扣统编教材，围绕统编教材，而又不拘泥于统编教材，“高校思想政治理论课‘思想道德与法治’教学创新与实践详案丛书”编写组的同志们经过认真讨论，决定编撰系列丛书，既为吃透新教材服务，为一线教师备课和教学提供有价值的参考，又为扫清大学生思想认识上的“小障碍”服务，作为普通读物，也能为大学生学习思想政治理论课助力。

本套系列丛书有两个部分共七本。一部分是围绕《思想道德与法治》教材编撰的教辅资料。根据新教材的特征，以及对新教材的理解，我们编撰了四本参考教材。一是《〈思想道德与法治〉教学关键词》。试图通过对教材中每章节所涉及的主要关键词进行解读和拓展，为一线教师扩展教学视野提供必要帮助。这也是我们自己在教学过程中的基本做法，我们认为，抓住关键，就可以破解全局；讲好思政课，抓住关键词，是教学过程中首要的任务。二是《〈思想道德与法治〉教学十问》。该版新编教材，先后设置了十个“明辨”的板块，这个设置十分新颖。但由于教材的篇幅，没有进行拓展性解读。我们试图对这些“明辨”的内容进行讨论，也算是抛砖引玉。有些问题在学术界已经讨论了很多，也有一些是有了基本结论的问题，我们对其进行了必要的整理，以期为一线同仁提供必要的资料。三是《〈思想道德与法治〉实践教程》。近年来，高校思想政治理论课十分重视实践教学和教学实践，都希望提升教学针对性和实效性，不同学校不同地区都有十分有价值的成果。针对新版教材，如何为一线教师提供课堂教学实践的有益案例，是我们编写这本教辅材料的初衷。当然，我们选择的案例好不好，评析得对不对，一定是见仁见智，我们期待和同行们的交流讨论。四是《〈思想道德与法治〉“图说”典型与教学建议》。在教学实践中，要讲好思政课，一定要通过大量的典型案例和人物故事辅助呈现理论的魅力。在新版教材中，我们欣喜地看到，先后设置了“图说”的板块，简要概述了不同典型人物和故事。这是以前的教材中没有出现过的。为了丰富这部分内容，让一线的教师较好把握这些典型，使教学更加添彩，我们把典型人物的闪光点与教材中理论阐释的重点结合起来，选取典型的精彩故事做必要拓展，并尽己所能地给出教学建议，虽是一家之言，也希冀能为一线的同行做点有益的工作。

另一部分共三本，是我个人的著作。一是《丙辉漫谈·给学生的回信》。该书收录了我于1993年至2000年期间写给学生的回信，信中所涉及的问题都是学生普遍关注的话题。二是《丙辉漫谈·青春彼岸的爱情》。该书是我在不同时期以不同方式与青年大学生讨论爱情的文字实录。三是《丙辉漫谈·哲思小语》。该书是2012年以来，我通过微博与青年大学生对话的部分内容。该书涉及的五个部分内容，是青年大学生面对现实生活，会经常遇见的思想认识“十字路口”上的问题。我试图站在这些“十字路口”，提出自己的观点，希望为青年大学生的思想认识提供必要的指引。这三本书，对于帮助大学生扫清思想认识上的“小障碍”具有一定的参考价值。如果说前面的四本教学辅导材料是从宏观层面帮助一线的教师整体把握课程教学内容，丰富教学资源做了必要的工作，那么，由我独著的这三本书，则是在微观层面，为教师把握青年大学生的思想实际，提供了有益的参考，有较好的针对性和实用性，也为青年大学生思考面临的现实问题提供有益的借鉴。

总体来说，本套丛书的目的在于试图为一线的教师吃透新版教材《思想道德与法治》在资料、教法和把握教学对象方面提供有价值的帮助，为青年大学生，特别是大学一年级的新生，奉上一套较好的课外阅读书。

我们期待同行的建设性意见。

路丙辉

二〇二二年一月十九日

前　言

人的一生应该如何度过？人生到底有什么价值？类似的问题在我走进大学的时候，就常常萦绕在心头。部分青年大学生，因为年轻，少社会阅历，少知识涵养，对于这样的问题常常是难以找到答案的。而由于没有答案，我们常常踯躅不前，愁绪满怀。所以，在我的记忆里，青春有很多快乐的时光，也有很多难熬的日子，仿佛就站在十字路口，不知何往，向哪边走都不坚定。这可能就是一些青年大学生看似在虚度光阴，实则是不知该何去何从的根本原因。心中的“成长痛”期待被人懂，可谁人能看得到呢？

一个偶然的机会，是在大二的“人生哲理”课上，我的老师钱广荣先生在课堂上要选出一名课代表作为他的教学小助手，我抛掉一个农村孩子的羞涩，鼓起勇气告诉班长，我愿意做这个课代表！从此，我跟着老师一起走进了专门讨论人生问题的思想政治教育领域，毕业后也十分凑巧地留校专门从事思想政治教育的教学和研究工作。这对于我这个从农村出来的孩子来说，真是天大的幸运！所以，从第一次走上高校思想政治教育的讲台开始，我就立志要用我在思想政治教育领域的收获不遗余力地帮助所有同我一样有过青春迷茫的青年大学生们。

于是，便有了“丙辉漫谈”这个个人创办的师生交流平台，专门利用业余时间与在校大学生交流他们关心的话题，为青年大学生的思想成长服务。先是通过课堂的互动问答，逐步积累了一些带有普遍性的问题；然后通过组织漫谈，以主题讲座和师生问答相结合的方式，为课堂教学“助攻”；后来通过书信与学生交流他们遇到的极具个性化的问题；再后来是通过自费建设的“中国辅导员”网络平台以及微博、微信等，发表个人的一些观点体会，主动和学生交流碰撞，并产生一些思想的火花，积极营造良好的师生交流氛围，继续为课堂教学“助攻”。这些为扫清学生思想上的“小障碍”而做的努力，得到了学生的积极回应，我的思政课课堂“抬头率”高了，“低头族”少了，充满精气神的青春笑脸多了，自称“佛系青年”和“废青”的少了。我仿佛看到了当初自己成长的影像，这使我更加积极主动地开展相关方面的工作。

到目前为止，“丙辉漫谈”现场版已经举办350余场次，加上线上，听众已有十万余人次；微博2300多条共计20余万字，阅读量超过两千万人次；在其他网络平台上发表的相关笔谈共计30余万字，阅读量超过千万人次。“丙辉漫谈”相关事迹先后被中央电视台、《光明日报》、《中国教育报》、《中国青年报》等国内多家重要媒体报道，先后获得“教育部校园文化建设优秀成果二等奖”“安徽省教学成果特等奖”“安徽省首届思想政治工作创新案例”等多项殊荣。

很多朋友和同行表扬我说，能坚持把一件事情做这么多年，而且做好，真的很不容易。对于这些表扬，我感到十分惭愧。说实话，当初走上工作岗位时，我一个单身汉，做“丙辉漫谈”多少有些抱着试试看的心态，只想着把课讲好，把讲台站稳，不辜负老师的厚望，所以另辟蹊径，希望自己的才疏学浅能够得到学生的谅解和包容。从严格意义上说，我其实是个十分贪玩的人，只是我喜欢和学生在一起玩。因为我也做过学生，深刻体验过学生对老师的期待，尤其是在学生有困难的时候，老师鼓励的眼神、温暖的笑脸都可能为他们战胜困难增添勇气。而只有愿意和学生在一起玩，老师才能捕捉到学生内心的这些需要。因此，直到现在，虽然已经年过半百，但我依然不知老之将至。与学生在一起时，我忘记了自己的年龄；在青春气息的熏陶中，我忘记了自己已白发两鬓，皱纹满面。

就拿“丙辉漫谈”这个名称来说，一开始，我只是接受学生的邀请，去他们的班级里做个有主题的讲座，或者做个无主题的交流，并没有想过会有什么结果，更没有想过“丙辉漫谈”可以作为一种方式方法为高校思想政治教育工作助力。还是到了2004年，我有机会兼职做我校2002级政治系246个学生的辅导员，我的学生们把我为他们开的主题班会起了这个名字时，这才开始有了“丙辉漫谈”这个名称。从此，“丙辉漫谈”成为我从事思想政治教育工作不可或缺的一部分。因此，与其说是坚持，不如说是我碰巧“玩对了”。也正因为如此，我从没有感受到职业倦怠，满满的人生乐趣让我忘乎所以。当然，如果一定要说其间是有深刻思考的话，那应该归功于我在本科阶段比较认真地研读了四卷本的《毛泽东选集》，以及在学生社团的工作经历，这使我比较深刻地理解了党的群众路线对于思想政治教育工作的价值。和学生一起玩，其实就是在走群众路线。实事求是地说，我们的思想政治教育工作绝不是坐在书桌旁，敲键盘、做课件、写论文就能完成任务的。

除了幸运地选择了群众路线这个有效的方法之外，我还深刻地受到了父母的影响。我的父亲是一名乡村医生，母亲是一位农村妇女，目不识丁，但他们和天下所有的父母一样，勤劳而朴实。他们有一个习惯那就是喜欢积攒一些看起来不起眼，却经常在使用的时候就十分需要的东西。比如家庭生活中常见的塑料袋、针头线脑、旧衣服、好看的空瓶子，甚至是春天从树上砍下来的比较直而粗的树枝，都会被他们很好地保存起来。他们常说："别看现在用不着，到你想用的时候，就有价值了。要是扔了，想找就找不着了。"尽管很多的"珍藏"后来都没有派上用场，不得不在一次次搬家的时候被"忍痛割爱"，但这样的习惯一直保持到他们永远地离开我。幸运的是，父母喜欢"收藏"的习惯使我从小就耳濡目染，并深深地影响了我后来的工作和生活。我把每次"丙辉漫谈"后半部分学生提问的纸条都较为完整地保存了起来，至今已经积累了万余条。20世纪90年代，我给学生的一些回信也被复印保留了下来。有了微博和微信以后，我又充分地利用零碎的时间将点点滴滴的思考保留了下来，这便有了现在呈现在各位眼前的三本文稿。

本次整理的《丙辉漫谈·给学生的回信》《丙辉漫谈·哲思小语》《丙辉漫谈·青春彼岸的爱情》，只是我三十年来业余工作的一部分。整理的过程，也是回忆的过程。一些当时的场景历历在目，真是人生的一大快事。尤其是一些文字，我还会在整理时通过微信发给当事人看，他们也感到十分惊讶，惊讶于我的"收藏"本领，这勾起了他们愉快的回忆。当然，读者可能无法体验这种快乐，但是分享这些思想火花，或许对读者思考相关的问题小有裨益。这正是我乐于整理的动力。

总结起来说，因为遇到了人生导师，我幸运地走上了思想政治教育工作之路；因为研读了《毛泽东选集》，我幸运地选择了群众路线；因为深受父母的影响，我幸运地保留了三十年工作的足迹，从而有了现在的这三本文稿。三个幸运，一路走来，仿佛珍藏的一粒粒"珍珠"，也成就了我的今天。这些珍珠，如果单独拿出来，可能一钱不值。现在，通过“丙辉漫谈”这条主线将它们串起来，“串珠成链”焕发新活力，希望够起到“好看、好用、好玩”的作用，能够在青年大学生和一线教师那里获得好收成。

路丙辉

二〇二二年一月二十六日

目　录

第一编　漫谈笔录

爱情离我们有多远

今天谈的这个主题，大家都很踊跃，这非常好。但是我想提醒一下各位，今天当你离开这里的时候，你的内心可能会发生一些微妙的变化，之前认为自己进了大学校门就可以谈恋爱了，今天可能恰恰相反——以后不想谈恋爱了。如果要是遭受了这样的“打击”，大家可千万不要埋怨我，我只是想和大家好好聊一聊“爱情”这个话题。因为有的同学可能会有这样的想法：在大学四年中一定要找到这一辈子的“另一半”。这个想法我觉得是非常美好的。客观地说，当我们离开学校走入社会，想找一个异性朋友谈恋爱确实不容易，因为工作的单位里适合自己的异性可能很少，但是在大学期间可以挑的“选项”还是蛮多的。另外一个客观事实是，我们这样的年龄、状态、能力适合谈恋爱了。

那么问题来了，爱情到底离我们有多远呢？

这虽然是一个比较抽象的问题，但也可以讲一讲，如果你觉得自己的能力已经具备，那爱情就离你近一些；如果你觉得自己的能力还不够，那爱情就离你远一点。我们自己心里要有一个把握。

关于这个问题，还是要从概念讲起。如果你连什么是爱情都不懂，其他也就无从谈起。我们今晚要讲什么是爱，什么是爱情，我们有没有爱情，没有爱情怎么办。

什么是爱？结合我看的书和我对生活的理解，我认为应该这样给爱下定义：爱是一个人在社会生活中形成的，对于依赖关系的善的情感表达方式。这个概念有几层含义。

第一层，爱是在社会生活当中形成的。这就说明爱不是天然就有，它一定是在社会实践中逐渐形成的。一个人不会天然地具备这种情感，而是在成长的过程中，通过环境的影响、长期的实践、自我的反思、知识的增长等，然后逐渐形成。

或许你会说："爱，谁不懂？我就用一种特殊的方式来爱我自己爱的对象。比如我的家人、我的朋友、我将来的爱人，我就用我特有的方式来表达爱。"这当然可以，但是不管你用什么"特有的方式"，也一定得被爱的对象接受，是吧？在日常的人际交往中，有一些比较具体的但不成文的规矩。比如，见到好久没见的同学，你见到他时激动得打他一拳。这可以，只要同学愿意接受。还有一些礼仪，比如说握手，这是非常正常的，现在拥抱也行，中国人也能接受。但是男女同学见面，礼仪应该只有握手，其他的方式都不太合适，这都是一些约定俗成的规矩。这些规矩都是在长期的社会生活中形成的，都具有共性和普遍性特征，是大家都能接受的表达方式。

第二层，爱是对依赖关系的表达。就是说，人们之间爱的表达，一定是在有一定依赖关系的基础上，而不是胡乱地表达。比如说，你走在芜湖市的大街上，随便见到一个不认识的人，你就说"我爱你"。这多吓人啊！或许你会说："这有什么吓人的呀？我爱国爱党爱人民，所以，我一看到人，我就说爱他，这不很正常嘛。"我认为这是不合适的。爱国爱党爱人民是没有问题的，但是你将这些爱的情感突然聚焦到一个并不认识的人身上，他就会问自己能不能代表国家、党和人民。人家不认识你，突然说爱，这没有办法让人接受。所以，我们说，爱一定是建立在一定的依赖关系基础上的。所谓依赖关系，就是指人与人之间存在着一定的联系。毫无联系的关系，用爱来表达，显然不恰当。比如，同学间说爱班级、爱集体、爱学校，因为同学之间都熟悉，在共同生活的校园环境中，相互之间存在着客观的联系，有这种情感很正常。相反，如果没有，倒是让人觉得怪怪的。可见，依赖关系越亲近，爱的表达越准确，越容易被接受。没有这层依赖关系，说爱就不妥当。

第三层，爱是善的情感表达方式。既然是说爱，这种情感一定是善的情感，这里面肯定不能有恶的成分，而且是一丝一毫都不能有。比如说，失恋的时候，有的人就会骂那个跑掉的人是个大骗子。为什么说他是大骗子呢？因为失恋的人认为，那个跑掉的人在曾经的感情中含有恶的成分，“他利用了我，欺骗了我的情感”。当然，我们不能说在失败的情感中都有恶的成分，有些人确实不适合相恋。不适合，不能说是欺骗。但从失恋的一方来看，可能会有“被欺骗”的感觉，虽然无可厚非，但这种“被欺骗”的感觉，在失恋一方的情感上就会被认为是“恶”的，是不好的。事实上，友情中有时候也有这样的情况存在。有的人为什么突然跟你走得近呢？因为他临时想利用你的资源，想请你帮忙。好长时间都没打过招呼，突然对你特别热情，然后他说，他想请你帮个忙。这个时候你即使帮他忙，心里面也有点不高兴。“你看，平时都不打招呼，用到我时就特别热情。”为什么我们不高兴？就是因为这个“特别热情”里面有“恶”的成分。所以，爱一定是一种善的情感表达方式。它不是简单的、抽象的、看不见的东西，而是可以通过一定的形式表达出来的，是人与人之间十分美好的情感。我们有些同学不太善于表达这种情感，因为同学之间的友谊无需过多言语表达，彼此也能心领神会。但是，如果是爱情，不表达出来，谁能知道呢？不好意思表达，心里面暗恋别人，时间久了，只会伤害自己，还是应该勇敢地表达出来。

事实上，在现实生活中，不但爱情需要表达出来，友情和亲情也是如此。你说你跟某人特别要好，是哥们，是姐妹，那别人是否和你是一样的体验？何以说明你是人家的哥们、姐妹？所以友情也要表达出来。在家里面亲情也是这样，我相信在座的同学都是孝顺的孩子，你们向自己的父母表达过爱吗？可能很多人都没有。我们习惯了沉默，没有主动说过，“妈妈，我爱你”，“爸爸，我爱你”，觉得开口说出来，不好意思。当然，不是一定要把“我爱你”说出来才能表达爱的情感。比如说，冬天天冷，是不是可以提醒一下：“爸爸，今天天冷了，要加一点衣服。”这不就是爱的表达吗？友情也是这样。早晨7:50了，同学还在床上，提醒他一下：“哥们！马上8点了，赶紧起床。”如果他还不动，那就可以问一下：“怎么今天起得这么迟？是不是身体不舒服，要不要到医院去？”这些都是温暖的表达，同学听了会心生感激，觉得还是哥们好，这么关心自己。类似这些，其实都是爱的表达。

所以，爱不是抽象的情感，而是实实在在的可以表达出来的人与人之间的美好感情。爱不是像一些人说的那样：“表达爱情谁不会？我只要向他说我爱他不就够了吗？”还有的同学认为：“为什么我没有爱情呢？是因为我颜值不高，能力不强，没有吸引力。”所以我们就注意到，有些同学把主要心思放在无止境地打扮自己上。大冷天的，有的同学就穿得很少。男孩子打扮得很俏，就是为了帅气，即便冻得打冷颤，也不愿意多穿衣服。我们一些同学穿衣打扮盲目跟风，以为这样可以增加自己的吸引力，殊不知青春的美才是无敌的，适合自己年龄、身份、角色的打扮才是最美的。

不同的人，爱的表达方式是不一样的。我们从家庭当中可以学，从同学那里可以学，从书本上也可以学。列宁有一个表达爱情的非常经典的故事，不知道大家有没有听过。他非常爱他的对象，但是一直没有开口，一是因为工作忙，二是没有找到合适的表达方式。他的对象每天都跟他在一起工作，其实也早已经对他产生了爱慕之情。但是女孩子嘛，总觉得要矜持一些。列宁发现了这个小秘密，所以他找准时机，装作有些得意的样子主动跟她说："今天晚上我要去见我的对象。"女孩子当时心里就像打翻了醋坛子，后悔得不得了，觉得是自己没有勇敢表达出来，人家现在都要去见对象了，但又觉得不太甘心，不能让他们就这么见面。于是女孩子就问列宁："你见的对象是谁？有没有照片给我欣赏一下？"列宁这个时候从口袋里面掏出来一个镜子，说："来，给你看吧。"女孩子对着镜子，开心地笑了。这是一个十分美好的故事。我们青年大学生不必生硬地模仿，但可以学习这种表达的方式，既幽默，又浪漫。

每个人都有自己爱的表达方法，爱是在共性基础上带有个性的表达。但不管是什么方法，一定得是对方能接受的。曾经发生过这样一个故事：一个男生为了向自己追求的女同学表达爱情，买了一大堆蜡烛，在操场摆成一个巨大的"心"形，还买了99朵玫瑰抱在怀里，对着女同学所住的宿舍楼大声叫喊："我爱你！"旁边路过的同学看到以后附和道："好！好！再来一个！"我很佩服这个男生的勇气和执着，但我觉得这样做有些不妥，和大学生身份不相配。爱情因其具有排他性、私密性等特殊属性，其表达方式也应具有相应的特殊性。在校园里，经常看到一些谈恋爱的同学在大庭广众之下路演"猪八戒背媳妇"，不知道大家有没有见过，我个人觉得也不太合适。当然，谈恋爱亲昵一点是可以理解的，但是要注意场合，不要亲昵得让旁边的人没办法躲闪。要考虑到路人的心态，很多时候人们并不想看，但是你做得太显眼了，让人不得不去看，这是很麻烦的事情。

从这个角度看，爱的表达是讲究艺术的。既然讲究艺术的表达，那么，爱就应该是一种能力。既然爱是一种能力，我们就可以沿着这个思路深入下去，直接问这个问题："你具备爱的能力吗？"也就是说，你若具备了爱的能力，你距离爱情可能就近了；你若不具备这个能力，爱情离你还有点远。

比如，有的同学内心好像还没有萌发爱的情愫，无论别人怎么暗示，他都不知所云，像这样的人就说明他还不具备爱的能力。还有的同学被人家追得到处跑，因为不善于拒绝，给自己带来很多苦恼，这也是缺乏爱的能力的表现。其实，拒绝也是一种能力。我曾经做过一期漫谈，有一个同学的故事让在场的人都笑坏了。他给我递了一张字条，上面写着："老师，我就是属于那种不善于拒绝的人，有三四个女同学都向我表达爱意，我因为怕伤害她们，所以一个都没有拒绝，一直都跟她们保持恋爱关系。"我现场就问所有的女生："如果你们遇到这样的男生该怎么办？"女生们纷纷表示对此行为深恶痛绝。当然我不想批评这个同学，他自己也一直很苦恼："如果我拒绝了，伤害了别人怎么办呢？"其实，大家都知道，不拒绝，伤害得会更深。说到底，这还是缺乏爱的能力。

当然，在生活中我们确实会遇到这样的情况：有的人不知什么原因，异性对他（她）就是不感兴趣；而有的人不知道有什么魔力，就有不少异性对他（她）感兴趣。在国外有好事者做了一个试验，不知道大家有没有看过：主办方请了三位长得特别帅的三胞胎兄弟，把他们分别安置在三间伸手不见五指的黑屋子里，然后让一群事先不知道屋子里有人的女性先后在三间屋子里待一会儿再出来。大家知道，同胞胎有很多相似之处。这些女性也不知道是做试验，三间屋子都进去完之后，主持人问她们："你们现在凭自己的感觉，还想进到哪间屋子里面去？"只见大部分女性都走进其中的一间屋子，而另外的两间屋子却少有人问津。你们觉得奇怪吗？为什么会出现这种情况？我看到这个试验，也觉得一头雾水，不知道主办方要得到什么结果。主持人在试验结束之后告诉大家，之所以会有一群人愿意到其中的一间屋子，是因为这个屋子里的人身上自然散发出某种"气场"。有的人特别有气场，你一看到他，就愿意跟他接近；而有的人，你看到他却毫无感觉。这都是由气场决定的。这个试验真神奇！今晚来的各位同学，你们生活当中有这种经历吗？大家年轻，可能还没有这么多的体会。就我这个年龄来看，生活中确实是有类似的事情：有的人很招人喜欢，不仅仅是异性，也包括同性，有的人却不怎么招人喜欢，也找不到什么原因。

所以，我们说，爱的表达方式在艺术这个层面，它应该是一种能力。我们每一个人都可以自我反思一下，自己有没有这方面的能力。我们可以从哪里开始反思呢？比如在集体中，你与同学相处得怎么样？如果你连宿舍同学都不能团结，那还怎么样与异性相处，还能收获爱情吗？爱的能力是我们在与同性的交往中训练出来的。事实也是如此，你在同性中就招人喜欢，交往能力比较强，那经营爱情对你来说可能就相对简单一些；如果同性之间正常交往都很困难，找对象一般也比较困难。所以大家要注意，同学间应注意加强人际交往的训练。经营友情涉及一项重要的能力，那就是判断力。一个人选择什么样的人做自己的朋友，判断力非常重要。判断错了，选择就会错，自然就会影响自己的学习和生活。有的人可以做自己的好朋友，有的人可以做知音，有的人就只能做一般朋友，这与素养、能力等都是有关系的。比如，我们常说的世界观、人生观、价值观。思想是行为的先导，如果“三观”不正，判断就可能会受到影响，就很难结交到好朋友。

就拿人们对待批评的态度来说吧，一般有两种态度比较常见。一种是能够接受别人的批评，认为批评的内容是指出自己的不足，批评的目的是希望自己进步，批评的方法或态度可能会有些让自己感觉不舒服，但这不重要，重要的是自己因为接受了批评而得到完善。我们认为这种态度是正确的，这种人愿意融入群体，是乐群的人。另一种是不能接受批评，认为批评就是对自己的否定，是对自己的不理解、不认同，因而常取拒绝的态度，拒人于千里之外。这种态度看不见批评的益处，不能客观地看待自己。这种人一般不太合群，比较自我，喜欢特立独行，我行我素。

根据这样的认识，我们就容易做出正确的判断：那些愿意批评我们的人，一般是在乎我们的人，希望我们能够进步，不然好端端地干吗批评我们呢？其实，现在想让别人表扬我们很简单，而想得到别人的批评则非常难。如今，有人愿意真心实意地批评我们，说明这个人可能很在乎我们。辅导员在乎你，所以辅导员批评你；父母在乎你，所以父母批评你。你的同学有多少人在乎你，愿意批评你，就取决于你对待批评的态度。愿意心平气和地接受别人正确的批评和建议的人，就会收获更多的成功和友谊。相反，不愿意接受他人善意的批评，谁也不愿意得罪你，身边都是称赞你的人，看似“朋友遍天下”，实则没有几个真心实意的朋友。我们看到，有的同学一听到批评，马上心里就不高兴，心想：“你凭什么批评我？”这样实际是把别人给推走了，看似可能只是丢失了一个朋友，其实是丢失了获得友谊的机会。

综上所述，我们讨论“爱情离我们有多远”，就从这儿开始：爱是一种表达艺术，一种善的表达艺术，一种对依赖关系的善的表达艺术，一种在社会实践活动中形成的对依赖关系的善的表达艺术。

那么，爱情离我们有多远呢？

没有人天然懂得爱的表达方式，可能会通过文学作品或电影里的故事来慢慢地品味、体验它。当然，有的人还会把电影里的故事搬到现实生活中来。这让我想起我在大学时期遇到的一个"现实版的爱情故事"，很有意思。我读大学是在20世纪80年代末期至90年代初，当时台湾有一个作家叫琼瑶，十分火爆。大家都听说过吧？她创作了不少爱情主题的文学作品和影视作品。后来大家看得多了，慢慢总结出来她编写爱情故事的基本套路：男主角一般身体有残疾，但是非常上进；女主角一般美若天仙，也是追求正能量，对于爱情的追求就是只要人品好，不管其他。两个主角人物个性基本就是这样的。故事的情节大概是因为某一次的邂逅，两人一见钟情，从此产生了爱情。但是在相爱的过程里，肯定会有曲折的情节发生，一下子改变了两个人的命运。在很漫长的一段时间里，两人都见不到彼此。在经历过一番刻骨铭心的磨砺之后，最后这两个人终于消除误解，战胜困难，有情人终成眷属。我刚才说遇到的一个"现实版的爱情故事"，就是追"琼瑶剧"的结果。上大学时，经常看到一个长相普通的男生骑着老式自行车，将女生放在车前面的横杠上坐着，在校园里闲逛，引来无数的目光。那时有些追"琼瑶剧"的年轻人喜欢按照上面描述的"套路"去寻找爱情。文学作品和影视作品影响人们的思想和行为，这是必然的。文学作品来源于生活又高于生活，但那毕竟是故事。我建议大家不要这样"追剧"，用虚拟的爱情故事来指导现实的爱情生活，毕竟文学作品里描绘的爱情童话与真实世界的爱情生活还是相差甚远的。

生活本来就是平平淡淡的，从来没有多少惊喜。可影视作品里的爱情故事经常是不断地有惊喜，因为没有惊喜，就无法在短时间内激起观众欣赏的欲望，这是剧情的需要。可是，现实生活中的一些男生或者是女生，希望自己的恋爱对象也能经常地制造一些惊喜。比如，给对方买了一个礼物，让对方猜是什么。或者是在特定的环境下制造一些浪漫的情节，然后给对方带来一次惊喜。当然，不断地创造生活中的这些美，并不是什么坏事，问题是一些男生或女生，因为不能经常看见期待的“惊喜”而觉得自己的爱情索然无味，很快就选择了分手。这种对待爱情的态度是十分不妥当的。平淡，是生活本来的模样，特别是结婚有了孩子以后，柴米油盐酱醋茶，日复一日。过去，经济条件比较困难，日子再难过也都要忍着。现在经济条件好了，人们会选择过一段时间举家出门去旅游，换一个环境生活几天，来调节这种平淡无奇的日子。所以，爱情是自己的事情，不能照搬照抄，更不能简单地依照影视作品去寻找爱情。

既然爱情的表达不能模仿剧本，那现实中我们应该怎么做呢？我想，首先得弄清楚什么是爱情。思想认识搞清楚了，大方向就不会有问题。具体怎么做，再通过实践的磨炼，应该会有收获。那么，爱情是什么呢？在我看来，爱情是一个人最大的利益。

生活中更多的是从利益层面而不是从情感层面来认识爱情，或许这有些出乎人们的意料，更是为我们青年大学生所不能理解。爱情就是男女之间相互倾慕的一种特殊情感，怎么又和利益扯上关系了呢？其实，只要我们意识到，情感本身就是我们每个人不可或缺的一部分，就不难理解，爱情作为利益是我们每个人不可侵犯的权利。

众所周知，爱情会改变一个人的人生方向，这是不争的事实。因此，作为利益而存在的爱情，是每个人都不能随意应付的事情。谁不认真地对待自己的爱情，甚至不把爱情当一回事，谁就会因此遭受惩罚。有的同学可能会说："哪有那么夸张？谈个恋爱搞得那么悬乎？谈得来就谈，谈不来就分。即使将来结婚了，不行就再离呗。还能改变我的命运？我要扼住命运的喉咙！"这确实是豪言壮语，但客观的现实生活却不是用豪言壮语就能解决的。

现在我们国家的离婚率很高，离婚也不再像以前那样，是一件不光彩的事情，大家都不好意思讲。鲁迅的《祝福》大家都看过吧？女主人翁祥林嫂是怎么死的？她的悲剧从哪里开始？就是再嫁人。为什么？因为在那个时候，再嫁人是一件非常不光彩的事，要遭人唾弃的。祥林嫂一筹莫展之时，柳妈告诉她，到庙里去捐一个门槛吧，让千人踏万人踩就可以洗去祥林嫂的这个耻辱，然后祥林嫂就可以做正常人了。但是鲁四老爷的太太根本就没饶过她，在重大祭祀活动的时候，依然对祥林嫂说，这个不能碰，那个不能碰。祥林嫂这个时候才发现捐门槛根本就不管用。旧社会，人们受传统观念的影响颇深。而现在有些人要冲破藩篱，一个突出的表现就是，模仿西方提倡自由。据说德国的伦理学家就问过中国的伦理学家们，说"三从四德"蛮好的，你们怎么丢了？当然，这是一个学术话题，我们暂不去讨论，但至少有一个问题让我这个伦理学学习者感到困惑。我们一味模仿西方提倡自由，其实是一种错误的行为。任何社会都受道德、法律等方面的约束，任何人都不能钻空子，借此给自己的行为找一块遮羞布。一些盲目崇拜西方文明的人和西方敌对势力，企图通过"自由"的幌子在思想意识和人格品质方面摧毁我们的青年一代，特意炮制了这些内容。令人担忧的是，一些青年人正在按照西方敌对势力设计的路线不知不觉地滑向深渊。

但我确实想提醒大家，在情感问题方面，爱情是自己最大的利益，你一定要维护好这个利益，不要草率应对，轻易让别人侵犯你的利益。我在给大学一年级的同学上课时，谈到类似的话题，我都会提醒大家，如果有人在大学一年级就向你求爱，除非是高中同学，否则坚决拒绝。为什么？因为那个人都没有足够的时间了解你，爱情是需要长时间观察交流和相互了解的。既然爱是一个人最大的利益，那怎么去维护它呢？我有这样一些建议，或许对大家有一定的参考价值。前面我们说爱是一种表达方式，既然是一种表达方式，它内含以下几个要素。

首先，如果说爱，就一定是对爱的对象有主动的给予，这种给予既有物质的也有精神的。比如说学生爱老师，可以给老师及时的鼓励："老师，你今天讲得真好！"我们很多人不善于表扬人，我希望你们能够改变这种状态。当然，有些老师没有带好头，多是以批评的方式来教育学生，所以搞得学生常常不知道自己有什么优点。将来你们做老师，今天在这里听了路老师的课，我建议你们当老师以后，一定要充分利用表扬这个方法，欣赏和鼓励自己的学生，一次表扬比千百次的批评都有价值。这一点，我也跟我的学生说，你只要在上课的时候看着老师，用眼神鼓励他，那个老师在课堂上都不敢开小差。遗憾的是，有些同学上课喜欢给老师看自己的黑头发，个别老师心里就会想："反正你们不认真听，我干吗要好好讲呢？"这势必把师生关系搞得很僵。人与人之间及时的表扬和鼓励，是精神的给予。同学之间、师生之间、父母与孩子之间，都可以相互表扬鼓励。比如说母亲给你寄了衣服，你是不是顺便就可以讲一句话："妈妈寄的衣服真温暖，有妈妈真好！"我母亲在世的时候，我也会经常这样表达对母亲的爱，我习惯说"谢谢妈妈"，第一次讲的时候母亲还不太习惯。我觉得我们每个人都应该从身边做起，学会欣赏别人，鼓励别人。

其实认真想一想就不难发现，有些人的人际关系不够融洽，没有什么复杂的原因，就是缺少对别人的欣赏、感谢和鼓励。鼓励是什么？鼓励是对美好事物的信息反馈。这种及时的反馈在亲人、朋友之间都是需要的。中国人讲究人情往来，这种人情往来不是强加的，而是符合人内心需要的，特别是内心情感的需要。所以，给予尤其是主动的给予是爱情这种情感首先要有的。你说你爱别人，或者说你发现你被别人爱，就从你这儿开始，去体验一下。如果有人说爱你，他给了你什么？也要想清楚。如果他只是给了你一些甜言蜜语或者蝇头小利，然后说他要跟你好一辈子，你要想清楚，这是真的还是假的。有些女生经受不住男生每天定时定点在那儿等她，自我安慰道："他要是不爱我，怎么会这么坚持？"你为什么不多考验考验他，让他坚持几年试试呢？可能有人会问："那你说要给予多少才算爱？"要我说啊，要给到足以承受爱情这个最大利益的分量。这是我通过正向和反向两个方面来说爱的第一要素，就是主动地给予。

第二个要素就是尊重。讲尊重别人，可能很多人都会说："尊重不就是尊重别人的人格吗？在平时的交往当中，我没有得罪别人，也没有侮辱别人，那尊重这个要素我是做到了。"我要问的是，尊重的前提是什么？没有前提的尊重是不存在的。一方面，了解和理解是尊重的前提。你不了解人家，能不能做到尊重？比如说你请人家吃饭，人家不喜欢吃肉，你那天却点了特别多的肉，你做到尊重了吗？你可能会这样认为："我花了那么多钱，点的都是肉，你不吃，还讲我对你不够尊重？"因为你不了解人家，你的这种尊重就是无效的。人们一般习惯将心比心，以己度人，以为自己喜欢的，别人也会喜欢。殊不知，这种尊重不仅可能达不到预期的效果，还可能会损耗自己的付出。另一方面，尊重是相互的。你尊重别人，也应该得到别人的尊重，这样的尊重才是对等有效的。而一个人能得到尊重的前提是自尊。一个没有自尊的人，是不会得到真正尊重的。一个国家要得到尊重，必须强大才有可能，所谓“弱国无外交”。一个人要得到尊重，必须自强。一个有自尊的人表达的尊重，自然会得到同等的反馈；而一个没有自尊的人，即使他尊重别人，也缺少应有的分量，甚至可能招致轻视。因此，尊重的表达和尊重的获得是辩证统一、不可分割的。

第三个要素是责任。如果你爱一个人，就一定会表现出强烈的责任感。这一点从父母爱我们是怎么表达的就能看出来。认真反思一下，我们每一次有需要产生的时候，可能我们还没提出来，父母就已经心领神会。为什么？这是出于父母对我们的爱，出于父母对我们强烈的责任感。因此，我们也可以据此判断别人到底是不是真的爱我们。比如，观察一下自己的辅导员。辅导员经常出现在同学们的身边，这个辅导员是比较负责任的。一个学期都见不到人，这个辅导员肯定不怎么尽职。出于责任的付出，我们是能够感受到的，父母的爱就是如此。如果父母对你表现出冷淡，你会很伤心，你会觉得父母没有尽到自己应有的责任。今天的社会有一些父母就是这样，没有尽到为人父母的责任，比如说离异家庭，个别父母因为失败的婚姻从而讨厌自己的孩子，我觉得这是非常不合适的。孩子是无辜的，不管人生遭遇多大的挫折和失败，父母都应该对孩子尽到责任。

总结起来，在爱情中，一定要具备这三个要素：给予、尊重和责任。有了这三个要素，我们来讲爱情就比较简单了。要注意，在一定的历史条件下，两性之间爱的情感表达方式才是爱情。爱情具有排他性，一定是唯一的。有些同学认为可以“普遍撒网，重点培养”，然后选一个最好的。我奉劝你，千万别干这种事。你觉得自己很聪明，耍了一个滑头，反正人家不知道，其实这是缺乏道德感和责任感的表现，是很不明智的行为。在这个基础上，我们再讲爱情的表达，我想应该有这样几个方面。

首先，要主动给予。每个人都可以问问自己在追求爱情方面的主动性够不够。对方已经暗示，可要么自己就是没感觉，要么总是瞻前顾后：该不该答应？能不能答应？家人会不会反对？同学会怎么看？当发现对方值得追求的时候，我们自己是不是可以主动一些？有的女生说："我也不能随便主动，毕竟我是女生。"那么我们可不可以换一种艺术一点的表达方式？毕竟真爱难求，爱情是人生最珍贵美好的情感体验。因此，主动表达十分关键，不管男女都是如此。收获爱情之后，也要主动表达爱的情感，不能总是要求别人一味付出。主动关心，主动给予，主动付出，才可能经营出优质的爱情。只是单纯享受而不愿主动付出，爱情是不会长久的。爱的能量，只有在彼此真诚的付出和给予中才能越积越多。

此外，你具备给予的能力吗？各位同学现在有什么可以给予对方的？足够的物质财富吗？物质财富现在没有，因为学生阶段物质方面还要依赖父母。那精神财富呢？大学期间，精神财富应该是最富有的时候，你具备吗？精神生活丰富的人每天的生活都应该很精彩，因为他每天都在进步，和他相处之后会让人感觉，这个人有底蕴有内涵，和他在一起总有聊不完的话题。如果过去没有积累一些文化底蕴，新鲜感过后两人就不知道该聊什么了。所以当爱情来临的时候，我们是否具备爱的能力？这是值得思考的问题。

其次，关心要有分寸，学会正确表达自己。为什么关心要有分寸呢？爱情初始阶段，一般都是从关心开始的，关心要恰如其分，注意场合，通过一些非常细微的小事增加相互间的认同感。在恋爱过程中，可能都有磕磕碰碰，慢慢反思每一个细节，看关心的分寸有没有拿捏好，我们可以从中获得经验。

最后，要学会尊重。刚才讲过，尊重的前提是了解、理解，但是尊重本身它也是一种表达，这种表达要有修养，要和自己的身份相吻合。真正的修养是发自内心的，有句话说得好，“腹有诗书气自华”，修养就是化于内心而溢于外表的自然的表达。因此，要想拥有美好的爱情，就必须加强自己的修养。加强修养可以提高自己的能力，增加自己的吸引力，增强自己的表达力。

以上这些方面共同组成一把尺子，可以丈量出你和未来的爱情之间的距离。你离爱情有多远，我想，每个人应该心里都有数了吧。如果你已经为爱情做好了准备，又有了心仪的对象，在不影响别人的情况下，可以试一试。如果能力还不够，那就等一等，因为爱情在对的时候总会出现。

第二编　师生对话

问：许多人说爱情不需要犹豫，犹豫就会错过，冲动的爱情也很美好。青春只有一次，柏拉图式的爱情也许很美好，但是否也可以接受一次青春里冲动的爱？

答：有的人把爱情用睁眼睛和闭眼睛来形象做比，说得很明白：恋爱之前，两只眼睛要睁大；一旦找到爱情，睁一只眼闭一只眼；结婚以后，索性把两只眼睛都闭上。这个睁眼闭眼的说法充分地说明选择很重要。爱情有很多时候是需要冲动的，如果你在慎重思考的基础上“冲动”，我觉得可以；没有慎重的考量和选择，“冲动”只会把对方吓跑。所以，这种“不需要犹豫，犹豫就会错过”的说法只是别人的某种经验之谈。我们在听别人介绍经验的时候，要有自己独立的思考，就像我们现在大学一年级的同学听高年级同学介绍学习经验，有的同学说学习文科不要太拼，考试之前花个把月时间背背就行了。说是这样说，你可千万别当真。能来介绍学习经验的人学习成绩一般都不错，平时学习就很认真，所以任何经验方法都要适合自己的实际情况。

问：在大学期间由于受朋友的影响，我对爱情也很向往。我和女生相处得也好，但该如何开始呢？

答：我建议采取顺其自然的态度。受朋友影响，可能存在这样的情况：一个宿舍4个同学，其他3个同学都有恋爱对象，后面这个同学也有可能按捺不住。他可能会想："凭什么？没人爱我吗？明天我就去找一个。"这就好像跟人家打赌似的。其实，爱情这事儿不要那么冲动，别人有别人的生活，你有你的生活。

问：如何看待恐恋恐婚的独身主义？

答：我不赞成。恐恋和恐婚肯定是有心理前提的。比如说，父母离异了，可能会给自己的孩子造成心理阴影，因此成人以后可能会恐恋恐婚。还有一种情况可能是因为看到身边亲近的人在爱情方面遭遇变故，且导致不好的结果，也会在自己的心理上产生一定的阴影。一般来说，一个人不会无缘无故恐恋恐婚，所以要先弄清楚原因，然后再根据实际情况做出判断。

我在某社交平台上看过一个这样的案例。一位48岁未婚女性因病动了手术，想找人来陪护，却怎么找都找不到，最后好不容易找来了一位她的好朋友，但是好朋友也告诉她："实在对不起，家里有孩子要照顾，我只能陪你一天。"那个时候，她想起了已经仙逝的父母。父母在的时候，她一个人确实很快乐，她就告诉自己："干吗要结婚生娃？看看身边那些毫无幸福可言的婚姻，我这辈子就一个人过。"现在当她自己一个人躺在病床上的时候，心里难免惆怅。当然，我们不能把婚姻简单地理解为传宗接代，父母更多是希望有一个人与你忠诚相伴，因为他们希望在自己离开之后，还有一个人可以陪伴在你身边。

所以我也从长辈的角度建议大家尽量不要选择独身，看过很多独身的人，有些最后无人陪伴在身边很是可怜，人老了以后有许多困难需要子女帮助解决。在中国人的婚姻观念里，人老的时候有老伴在身边叫“老来伴”。老人需要陪伴，除了儿女的陪伴之外，也需要伴侣的陪伴，因为老人的有些事情孩子是帮不了的，陪伴更多是精神世界的满足。有些人坚持独身，是因为现在还没有遇到什么困难，一个人生活能够自理，无忧无虑，一人吃饱，全家不饿。你当然觉得独身主义很好，想到哪儿去，拎着包就走。但是年龄稍大以后，你就会发现不是这样的，工作上的难题没有人可以倾诉，想找人说说话都很难。我工作后相当长的一段时间里也是单身，因为我喜欢玩，后来身边的朋友陆续都结婚了，没人可玩了，再后来我也找到了属于自己的爱情，告别了单身。现在回头再来思考这个问题，发现还是结婚好。

问：感觉爱情在离我很近的时候又突然离我很远了，为什么？

答：肯定很多人都有过类似这种情况，觉得马上就要获得自己期待的爱情了，但又觉得自己还有很多不足，还不能完全抓住自己的爱情。说到底，这都与人的能力有关。为什么自己身上的闪光点不能足够吸引对方？本来对方对你可能有好感，但是深入了解以后却发现你不是他要找的心仪的对象，这还是与自己内在的涵养、能力有关系。

问：当前离婚的夫妻这么多，出生人口不断减少，请问您怎么看待“不婚不育保平安”的说法？

答：不婚不育未必能保平安。我们不能简单地从传宗接代这个层面来看待生育的问题。我没有性别歧视的传统刻板的观念。我比较喜欢孩子，因为我是从事教育的，我喜欢从孩子成长的角度看问题。家里的孩子越多，孩子越健康。为什么？独生子女想找个说话交流的人都很难。每个孩子都有自己的思想和想法，但不知道该跟谁说，跟父母说，父母可能觉得不理解。孩子喜欢玩的东西，父母也许不喜欢玩。如果有兄弟姐妹，他可以跟他们分享自己的喜怒哀乐。

有的人干脆就不要孩子，怕有了孩子自己养不好。还有人觉得养孩子太麻烦，影响了自己的生活。这种想法比较极端，我不赞成。首先，孩子是爱情的结晶，是婚姻自然的成果。从人的成长发展来说，有了孩子，可以让自己更成熟，因为孩子可以给自己的人生提出很多新问题，在面对和解决这些问题的过程中，自己开始真正深入了解人的世界。人的思想是在解决现实问题的过程中逐步丰富的。其次，不生育真能保平安吗？可能在两个人都身体健康的时候还行，但人是会老的，等到年龄大了身体不好的时候，还会保平安吗？两个人中有一个人先离开这个世界，还会平安吗？所以，我不赞成这种说法。当然，这也是个人的权利，他人无法剥夺，如果不是特殊原因，建议不要选择丁克。人生就是一次温暖的陪伴，大家可以想一下我这个观点有没有道理。你和自己的父母是不是温暖的陪伴？如果不温暖，你愿意陪伴吗？比如跟父母一吵架，拎着包就走了，然后又会后悔。和宿舍里的同学也是一次温暖的陪伴，将来找对象不就是为了有一次温暖的陪伴吗？你愿意找一个人天天跟你吵架，跟你生气？肯定不愿意。

问：“七年之痒”真实存在吗？

答：“痒”是存在的，但不一定是七年。不管几年之痒，说的都是夫妻双方的磨合期。女性在人生的成长过程中有许多变化。比如，没有进入青春期的女孩子和进入青春期的女孩子不一样，没有谈恋爱的女孩子和谈了恋爱的女孩子也不一样，谈恋爱和结了婚的女性不一样，生孩子以后当了妈妈也会有些变化。也就是说，女性在不同的年龄阶段会因为自身角色的转化而会在生理、心理等方面发生变化，男性同样也是。这些变化既需要自身的角色适应，也需要自己的另一半跟自己磨合。磨合得来，双方就会一直牵手走下去，磨合不来就有可能分手。过去我们国家的离婚率还比较低，人们对离婚讳莫如深，所以夫妻出现矛盾大多选择能忍就忍，慢慢磨合，整体上夫妻关系、家庭关系表现得具有一定的稳固性。有些夫妻磨合了七年，当然这是大概的年数，实在是磨合不下去了，不得不选择离婚。这就有了“七年之痒”的说法。为什么现在离婚率逐渐上升？人的思想、社会的环境都在发生变化，夫妻关系、家庭关系的稳固性也在下降。当然，分手或者离婚都是个人的选择，他人无权干涉，但是在做出选择之前还是要冷静思考，牙齿和舌头还有打架的时候，如果没有包容和理解，爱情怎么能走得更长远呢？夫妻之间难免有矛盾和分歧，只有相互包容和理解，才能使双方获得情感慰藉，使爱情永葆青春。

问：每一个我欣赏和喜欢的女生都拒绝了我，而每一个喜欢我的女生我都无法接受，总觉得她们的情感并不理智，同时我也这样反复问自己。

答：这个同学提出来的问题是我们每个人情窦初开的时候都有的担忧："我找的这个人，对吗？"人家来追自己的时候，常常又怀疑人家："他为什么会追我？"其实说到底是对自己的不自信。这种情况很正常，一般情况下过一段时间就会好的。

问：为什么大家对恋爱结婚越来越恐惧？

答：我确实听过一些同学跟我讲过“社恐”“恐恋”“恐婚”等，这与我们现在的青年生活有关，问问自己有没有类似的看法，如果因此影响个人的生活就不合适了。说实话，提这个问题的同学，你对这个判断调查过吗？其实是没调查过的，我们很多时候会讲一些道听途说的话。比如说有的人谈恋爱失败了，然后哭着告诉你“男人都是大骗子”。你想，是不是男人都是大骗子？她跟你讲的时候，她只跟一个男人谈过恋爱，然后她就讲“男人都是大骗子”，这种说法是没有说服力的。其实，“大家对恋爱结婚越来越恐惧”本身就是没有根据的说法，可能只是很多人还没有找到合适的另一半，一旦找到，恋爱结婚挡都挡不住呢。

问：如何走出“前任”的阴影？

答：这要问自己到底应该找什么样的人相伴。有的时候我们要有这样的信念，其他场合，我也讲过这样的一句话：“所有的经历都是自己成长的养分。”你为失败所付出的代价是你在成长的过程中必然要付出的，只是早晚而已。失败一次并不可怕，可怕的是你就地躺倒站不起来。所以“前任”不应该成为你的阴影，而应该成为你站起来继续前进的勇气。因为你比别人多了一次经历，这不是一件坏事。有些学生在谈恋爱的时候老是喜欢追问人家：“你有没有‘前任’？老实交代。”甚至有一些同学在谈恋爱的时候，喜欢翻对象的手机。我觉得这些做法都是不对的，是会伤感情的，聪明的人应该给别人一个藏着自己小秘密的空间。

比如我和我的孩子相处也是这样。我儿子有很多“小秘密”，他有意不让我知道，其实有好多我都知道。因为孩子在父母跟前藏秘密基本上是藏不住的，但是我一直就装作不知道。这有什么好处？对他来说，他觉得非常安全。人的安全感非常重要，他如果觉得处处都被你监控，他就不知道该把自己的秘密藏在哪里。所以即使将来谈恋爱，也不要动不动就追问对方的恋爱历史，有历史不是一件坏事，你可以这样告诉他："如果你有历史，我应该感谢那个人，因为是她让你变得成熟，我才遇到更加优秀的你。"我这不是在讲故事，这是真实发生在我身上的，我的爱情也有故事。我的爱人曾经也问过我有没有"历史"，她甚至问我："你怎么对我的历史从来不感兴趣？"我是这样回答的："我不感兴趣，是因为如果有的话，我还要感谢他。因为是他使你变得这样美好，让我爱得无怨无悔。"我就是这么回答的。人要客观一点，没有一个人天生就是为了来陪你一辈子。当然，你可以要求，但你不一定会碰上。要知道，你追求的是一个现实的人，至于这个人曾经经历过什么，跟你没有任何关系，在这之前他没有义务也没有责任向你负责。但是从开始成为彼此爱人的这一刻起，你们都要开始向对方负责，这就足够了。

问：一个月前对方对我有过比较明显的暗示，我也表白成功了，但是现在她又说不喜欢我，说她这一个月一直尝试喜欢上我，但失败了。我该怎么办？

答：提出这个问题的同学，我给你的建议是：放手吧。真的要放手，因为一个月并没有付出多深的感情，如果不放手，即使投入再多的情感和精力也是于事无补，她还是会离开你的。感情勉强不来，所以放手最安全，解放别人，其实也是解放自己。

问：我有一个前女友，因为她考上了武汉大学，我觉得我配不上她，就提了分手。我一直都很自卑，遇到了喜欢的女生也不敢追，我不知道该怎么办？

答：事实上是你心里的魔鬼把你带走了。你自己觉得爱情要站在同一个平台上，而且这个平台是你自己设定的，即所谓的学历背景。其实我认为最好的爱情是要找一个懂你的人，至于她有什么背景，本身并不重要。古人也有这样的说法，“两情若是久长时，又岂在朝朝暮暮”。她到武汉大学读书，如果你们俩有真感情，你以后考研考过去，不也可以在一起吗？人生还有很长的路要走，学习本身不是障碍，为什么会提出分手？一开始给爱情赋予过多的条件和限制，可能会让我们与真挚的爱情擦肩而过。

问：合适和喜欢哪个更重要？

答：两个都很重要，合适更重要。只是喜欢，但不合适自己的人，未必能走得更长久。有些人远远地看，你就是很喜欢，但相处以后你就会发现他不一定适合你。合适的人，渐渐地再喜欢上他，就会牵手走得更加长远，所以合适更重要。

问：作为女生，怎样把握关心男生的分寸？

答：相对来说，与异性交往，女生比男生更需要把握关心的分寸。为什么？大家可能都听过这样一句话：男追女隔座山，女追男隔层纱。女孩子对男孩子的关心更要把握好分寸。比如大家在一起吃饭，男生给女生夹菜，大家可能不会太在意，反过来如果女生给男生夹菜，这可能会让男生思考半天。我上课的时候也跟大家说过，我们要遵守三规：认识事物，要把握事物的规律；做事情，要遵守事情的规则；做人，要讲规矩。中国人特别讲规矩，懂礼貌。规矩，是工作和生活中的行为规范；礼貌，是人际交往中应遵守的行为规范。事实上，二者都是规矩。像我们现在这个年龄，跟自己的长辈、朋友在一起，一定要有礼貌，言行举止要符合自己的身份角色。同样，在与异性相处的过程中，我们也要注意自己的身份角色，把握好分寸，以免造成误会给双方带来困扰。

问：如果有心仪的对象，大概相处多久之后表白比较合适呢？

答：这个分寸要由自己去拿捏，我不好给出一个具体的时间。太早显得有些草率，太迟又怕错失机会，还是要根据两人相处后的具体情况而定。

同学们在平时要多听一些长辈的教诲，尤其是父母的话。我知道，可能有很多同学有所谓的逆反心理。平时可以跟父母敞开交流，但是如果感觉父母在教育自己，就不太乐意听，甚至是没有耐心。同学们要知道，这个世界只有父母最愿意跟我们说掏心窝的话，最愿意把自己的经验教给我们。在爱情这个问题上，可以多听听他们的建议，而不要自作主张。有些同学谈恋爱都不让父母知道，我认为这是不合适的，也是对他们的不尊重。当然大家可以有不同的看法，觉得未必是不尊重，可能有些同学胆子小，怕说了以后父母会阻止自己和心爱的人在一起，诸如此类。但是我觉得，和父母保持良好的沟通是为人子女首先应该做到的，也可以从这个方面看出，将来你走上工作岗位和自己的领导沟通的状态。

问：与异性之间有真正的友情吗？

答：我认为男女之间是存在友谊的，这一点是可以肯定的。当然，这里面也要注意把握分寸，尤其是异性朋友已经有了恋爱的对象，更要注意其中分寸的拿捏。爱情具有绝对的排他性，所以异性之间的友谊一定要把握好分寸。友情就是友情，爱情就是爱情，这两种感情都很美好，但却千差万别。我可以跟大家说一下这里面的差别在哪里，你们看看有没有道理。某一天，两个异性朋友在教室里学习，遇到问题后讨论得热火朝天，两个人聊得特别开心，一直聊到了天黑，聊完了以后可能其中的一方会说："都这么晚了，我们赶紧回去吧。"然后两人收拾书包就离开了，谁也不会多想，谁也没觉得今天有什么特别的。这是友谊。如果聊完了以后，其中的一方心想："今天他怎么陪我聊这么长时间？真希望明天他还能来。"第二天如果对方没来，心里会顿生失落；如果对方来了，立刻又心生欢喜。这可能就有点像爱情。可见，友谊和爱情还是有区别的。异性之间美好的友情，在人世间可谓俯拾皆是，我身边就有很多这样的例子。所以不要道听途说，"异性之间哪有什么友谊？要么是爱情，要么就啥也没有。”其实，友情是人间最美好的情感之一，它会跨越身份、年龄、性别等的差异，让收获它的人们相互理解、尊重、沟通、支持，它是滋养人际情感最好的养分。

问：人从什么年龄段开始谈恋爱比较合适？

答：每个人都不一样。有的人很早就谈恋爱，一直坚守一辈子；有的人很晚才谈恋爱，却总是一波三折，没有修成正果。像大家现在在大学期间或者今后一段时间，谈恋爱都算比较合适。恋爱早晚要因人因条件而异，关键还是要看你有没有为收获自己的爱情做好准备。我建议大家，如果真想在大学期间谈恋爱，二年级以后再考虑这个事情。这段时间是比较好的，太迟了也不太合适。当然有的同学说我就一直想读书，读到博士学位以后再考虑恋爱，这也可以。也有极少数的人，因为一直读书，错过了时机和对象，最佳的恋爱阶段没有经历恋爱的“必修课”，最后干脆不恋爱了。

问：爱情和面包如何选择？

答：首先选面包，然后再谈爱情。原因很简单，你连自己都养不活，还谈什么爱情？马克思在他的长女珍妮把自己的男朋友拉法格带回家的时候，第一句话就问：“你用什么养活我的女儿？”在马克思的作品当中也有相关的观点，人们首先必须吃、喝、住、穿，然后才可能从事政治、科学、艺术、宗教等。人们只有首先解决吃、喝、住、穿这样的物质生活问题，然后才能从事其他活动。所以爱情和面包哪个更重要，肯定是面包最重要。

问：和前男友分手了，觉得舍不得。两人在一起，又不合适，但是他人真的很好，我还有点喜欢他。

答：赶紧放手，感情容不得儿戏。既然已经分手了，就别再纠缠，如果你还喜欢他，当初为什么分手呢？在这个事情上，态度一定要坚决。如果爱，就付出真心；如果不爱，就礼貌告别。感情容不得儿戏，藕断丝连的感情既害人又害己。

问：面对有好感的男生时，总是害怕有不好的结果，如何克服这样的感觉？

答：说到底，我们的大学生由于长时间在学校学习，还是与外界交往少了，偶尔见到个和善的人，就会对人有好感。你看，像提出这个问题的同学，我建议你再多交往一些男生，我讲的交往就是交普通朋友的那种交往，你会发现有很多人都很美好，但是，那个适合你的、懂你的人，可能很难找。

问：和异性交流有障碍怎么办？

答：我建议可以打破自己的交往惯性，做一些最简单的训练。比如，每天上课的时候可以选择和异性坐在一起，下课的时候主动和异性做一些交流，平时积极参加班级组织的各种活动，如果需要组建团队可以选择和异性一起组队……这样既可以在集体学习和活动中锻炼自己的能力，也可以学习和异性交流交往的方式和技巧。

问：男女生如何开展联谊活动？

答：主动策划和开展联谊活动既能促进友谊，又能学习交往的技能。我读大一的时候，代表我们宿舍到学生会去学跳交谊舞，学会以后就在宿舍举办了一次交谊舞会。那时候晚上9:30自习结束，宿舍里的同学就拉着我学跳舞，我跳的基本都是女生走的步子。再后来，我就让宿舍同学每个人出5毛钱，那时候的5毛钱还是很值钱的。每人5毛钱，我们10个人就凑了5块钱，买了一堆瓜子、橘子之类的零食。我还会剪纸，就在门上、床沿上挂上一些剪纸作为装饰，然后邀请几位女生一起来跳舞。那个时候女生到男生宿舍是允许的，现在好像不太容易做到了，但是大家可以一起到外面去开展活动。积极开展联谊活动，不要太宅，你会发现世界十分美好，有很多人也十分美好。开展联谊活动能增长见识，拓宽交往面。

问：如何看待异地恋？

答：现在交通和信息传递多方便，地球都是一个村了。我倒觉得，在大学期间谈场异地恋，未必不是一件好事。双方在同一所大学学习，天天在一起，相互干扰太多。有的同学不能很好地平衡学习和恋爱之间的关系，期末多门课“挂红灯”。异地恋需要稳定的感情基础，如果双方的感情稳定，又能把学习作为当前的重要任务，大家相互鼓励、共同进步，研究生还可以考到同一所学校，那时候不就解决了异地的问题了吗？只要有共同的目标和努力的方向，并且愿意为了共同的目标付出坚持不懈的努力，异地恋也会有美好的结局。

问：当今社会抛开自身所处的阶层去看爱情还合适吗？

答：这是在说恋爱中“门当户对”的问题。我们不能错误地理解“门当户对”这个传统的观念。“门当户对”在古代是指双方在同一阶层或阶级，现在的“门当户对”多是指“三观”相同。在我们国家，随着社会的进步，阶层的意识逐步变淡，物质上的或者社会地位方面的“门当户对”已经退居其次，人们在考虑爱情问题的时候，首要考虑的就是“三观”是否契合。“三观”不一致，同一个阶层也不行；“三观”一致，就完全可以跨越这些东西。

问：爱情是不是不应该过度追求物质上的东西？

答：过度追求物质上的东西当然不应该。任何东西，过度追求都不应该，爱情更是如此。但是我们要注意的是，没有物质生活的爱情也是不存在的。物质生活最好是两个人共同努力奋斗得到的。靠别人给，比如“啃老族”们，最后伤到的都是自己的爱情。在我国农村的一些地方，要彩礼现象还比较严重。对于这个问题应该辩证地看。父辈在力所能及的情况下，通过彩礼的形式帮衬一下子女，是无可厚非的。但如果过度索要彩礼，甚至使一方承担沉重的经济压力，势必导致双方产生矛盾，为日后的婚姻生活埋下隐患。这应当引起我们大学生的思考。

问：不想结婚怎么办？

答：还早呢！慢慢来，不用着急。不要先给自己下结论，尤其是别把这种毫无确定性的想法当作誓言来践行。当我们没有遇到合适的人时，看到别人婚姻失败时，我们不免会说："这辈子，我是不想结婚了。"但当我们遇到了心仪的对象，爱得发疯的时候，可能谁也挡不住自己恋爱、结婚的脚步。

问：如果分手，爱一定会转变为恨吗？

答：不一定。可能刚分手的时候会恨，渐渐地就会往既不爱也不恨的方向转变。因为每个人都会有自己的生活，日子不会停滞不前，时间会将一切冲刷。只有放不下过去的人才会抱残守缺，这其实是对自己和他人不负责任的表现。分手，只是和一个不适合自己的人告别，不是因此而结下一个仇人。

问：高三的时候暗恋过一个人，有时候学不下去了，会想一下他，告诉自己要和他考同一所大学，结果我比他考得好。

答：这个结果真是太好了。因为暗恋形成的动力，反而提高了自己。我看过一个报道，说有一个青年学生特别胖，一个偶尔的机会，跟在一个女生的后面，看到这个女生的背影特别美，他就开始暗恋人家，暗自下决心一定要瘦下来，然后去追她。最后虽然也没去追人家，因为他根本不知道这个女生是谁，但是真的通过艰苦的锻炼让自己瘦了下来，这对自己来说，也是重大收获。

问：你会选择一个等你三年的人还是陪你三年的人？

答：答案是陪你三年的。等三年太抽象了，没办法证明。

问：女朋友感性且缺乏安全感，脆弱且要强，怎么办？

答：如果实在处不下去，我建议分手，让她接受现实的考验和磨炼。谈恋爱的过程中，把恋人当家人，用自己的不成熟折磨恋人，希望自己的恋爱对象能像自己的父母那样爱自己，这是不现实的。恋人就是恋人，还不是亲人。即使是亲人，也有一个度，过度地折磨亲人，亲人也有想逃跑的时候。恋人是来享受爱情的快乐的，而不是来遭受爱情的折磨的。爱你是因为你的美好，如果你只会折磨人，哪里还有美好？用故意的折磨来考验爱情的坚贞是要不得的。

问：您如何看待婚前性行为？

答：我们这个年龄的人是很忌讳婚前性行为的。事实上，在谈恋爱的过程中，不管是男人还是女人都应该有底线。婚前性行为就是贯穿整个恋爱过程的底线行为。人是很复杂的，别相信某些人自称是“性解放者”。有些同学甚至说，现在谈恋爱谁不同居啊？各位有调查过吗？是不是这样的？有的同学说现在上大学了，谁不谈恋爱啊？真的吗？按照学校在校生的性别比例，这也不够分啊。他们之所以会这样说，只是给自己光明正大地谈恋爱找一个借口。如果有人跟你这么说，你就打断他，问他调查过吗？一句话就把他问倒了。关于这个问题，我们可以说得深入一点。人体的所有器官都具有社会属性。比如，脸部不仅是一个人的面相，更代表着人的尊严。如果有人在你的脸上啐一口唾沫，那一定是侮辱你，你一定会奋起反抗。啐一口唾沫的人知道，这个行为是侮辱你的行为，你也会因为他的这个行为而愤怒，就是因为你们双方都知道，脸部具有代表人的尊严的社会属性。事实上，人体所有的器官都具有社会属性，性器官也是如此。它不仅具有高度的私密性，而且代表着一个人最高的人格和尊严。如果谁在性器官方面侵犯别人，那是要受到法律制裁的。有人说，婚前性行为是两厢情愿的，没有什么大不了的。但正是因为人的性器官所代表着的社会属性，所以，婚前性行为的结果，一定会在人的心理上打上烙印。如果将来结婚成家了，双方都不再计较。而如果双方最终没有走到一起，成为夫妻，如何在心理上抹去这个烙印，就看各自的心理素质如何了。有的人会因此一辈子抬不起头来，也有的人一辈子不能拥有幸福的婚姻家庭。因此，我不赞成有这样的事。

问：如何理解您说的“爱情是一次性打火机”？

答：这是我说的话，我是用这个形象的比喻来说明爱情需要珍惜。有人说，我的爱情我做主，谈一次不行，我就再来一次，再不行就再来一次，仿佛爱情是取之不尽、用之不竭的。可事实并非如此。人的情感是有限度的，恋爱谈多了也会有倦怠，除非你一开始就是玩弄感情，否则千万不要引火烧身。所以我把爱情比喻为一次性打火机，打一次少一次，到最后就打不着火了。

问：异地恋怎么维持感情？

答：我觉得在我们那个年代，异地恋真的是一件很麻烦的事情，都是靠写信互诉衷肠。现在，通讯技术大大发展，基本上没有了空间的距离感。关键是什么？关键是对方心里有没有你，双方有没有爱和忠诚，有没有在一起的坚定信念。如果没有这个信念，天天在一起，也可能疑神疑鬼。比如说哪一天见面，看到他的手机有其他的什么信息，马上心里面就开始怀疑了，这样的感情很难善终。所以，从这个角度说，如何维持异地恋，只是个方法问题，抓住关键才能抓住爱情。

问：以前犯过错，自己有些自卑，质疑自己是否值得被爱。怎么克服自卑心理？

答：所有的人都有自卑的一面，也有自傲的一面，只是时间不同表现的强烈程度不同。有些人觉得自己压力非常大，看别人好像都轻松得很，过得都比自己好，是不是这样？其实，每个人都有一本难念的经，只是别人不了解罢了。所以，不管以前有过什么错，不用那么自卑。我做辅导员的时候跟学生说过这样一句话，“对于学生来说，犯错误是最大的权利”。因为对于我们青年人来说，很多时候只有通过试错才知道什么是对的，所以不用自卑。

问：我该如何找到心仪的对象？

答：别着急，先把自己修炼好。有人说，并不是人们在知道什么是爱情的时候，才开始坠入爱河。事实确实是这样。但是你要知道，你自己一无是处的时候，想跳进爱河也没人搭理你。所以首先要提升自己，该来的自然会来。

问：年少时经历了轰轰烈烈的爱情但是没有结果，这样的爱情是不是有意义？

答：有意义，因为它是你成长的养分。想想当初，是因好奇而产生的爱情，还是真的喜欢某个同学而产生的爱情，对于青年人的成长来说，这都有价值，虽然最后的结果可能不尽如人意。孔子说，君子不二过。原因就是人们都会反思和总结，失败过一次，就会从中汲取经验和教训，关键是不要在失败当中沉默。

问：为什么快餐式的恋爱越发常见？

答：我不太提倡快餐式的恋爱，因为情感对于大学生来说是极其珍贵的。如果我们随意践踏神圣的爱情，伤害的不是别人，而是自己。所以我说爱情是自己最大的利益，我们应该思考怎么样珍惜爱情，让自己这一辈子都能活得很好。我觉得，应该从爱自己、保护好自己的感情开始。

问：我对很好的朋友、同学占有欲总是很强，总怕别人会替代我的角色。如何对待占有欲强？

答：我认为占有欲强其实是怕失去，是对自己能力的不自信，根源在这。所以我觉得占有欲强的同学应该增强自信。增强自信，增强能力才是硬道理。当然，这个同学说的占有欲，可能与对友谊和爱情的理解还不够准确有关。对爱情的占有，是由爱情属性中的排他性决定的，爱情是不允许有第三者的。但友谊不同，友谊的双方可以有很多朋友，大家都可以成为好朋友，无需占有，只要拥有。

第三编　爱情笺札

学习和恋爱该如何取舍？

在高中时就听说，大学要是不谈一场恋爱是很遗憾的事情。所以我到大学后，没有放弃这样的机会。但是谈了恋爱以后，却并没有我想象的那么浪漫和轻松。相反，由于我在大一时就当上了学生干部，平时学习和工作都很忙碌。本来，处理学习和工作的矛盾还比较轻松，比别人多做点，多抓紧时间就可以解决了。但是，谈了恋爱以后可不是这样。我常常很后悔，自己谈了恋爱，没有带来快乐，反而感到是一份负担，可又不愿意轻易放弃这份感情。那么，大学生如何处理好学习与恋爱的关系？尤其是担任学生干部，平时工作和学习都很忙碌，面对这样的情况，该如何取舍呢？

确实有人说过，大学生要有三件事必须做，一是拿一次奖学金，二是参加一个社团，三是轰轰烈烈地谈一场恋爱。当然，就个人而言，如果有机会在大学期间谈一场恋爱，未尝不可，无论是从生理还是从心理的成长角度来说，都是无可厚非的。问题就在于，大学生正值学习和成长的关键期，如何才能处理好学习和恋爱之间的矛盾和冲突？因此，如何在恋爱和学习之间进行平衡和取舍，常常成为大学生深感头疼的事情。

如果从重要性上来说，恋爱和学习对于正在成长中的大学生来说，无疑都是十分重要的。学习的重要性没有争议，恋爱的重要性却众说纷纭。有的说，如果大学期间不谈恋爱，将来可能不具备恋爱的能力。这是从恋爱的能力方面说的。持这种观点的人还言之凿凿，你看那些高学历的“剩男”“剩女”，就是因为在该学会谈恋爱的时候放弃了大好机会才导致自己被“剩”下来。反对者们却要问：恋爱是不是一种能力？恋爱是不是一种需要学习的能力？是不是一定要在大学期间来学习或掌握这种能力？对于这些问题，不同的人有不同的看法。

从恋爱的可能性方面来说，一些人认为，大学期间年龄相仿的一群人在一起学习、参加各种活动，互动的机会比较多，所以恋爱的机会也较多。如果不谈恋爱，不找好对象，将来到社会中参加工作了，可能会因为工作性质和工作内容，找到自己满意的对象的机会就少了。

从找对象的方式上来说，一些人认为，在大学期间谈恋爱，双方两情相悦，即使被拒绝了，也不尴尬，都是校友，说起来也不感到紧张。到了社会上，谈恋爱找对象难免会请人介绍，直接和陌生人谈感情的事情，实在是让人感到不那么自然。

以上种种说辞从不同侧面说明大学生谈恋爱的必要性，既然必要，当然重要。但我们需要正视的一个问题是，人生的道路各不相同，一定要在大学期间谈一场恋爱的说法可能有些绝对。许多事情是强求不来的，尤其是爱情。因此，我们并不支持大学期间一定要谈一场恋爱的说法。但我们赞同，如果有机会，正好有合适的对象，不妨在大学期间谈一场恋爱。也就是说，爱情随缘而得，不必苛求。

那么，如果在大学期间谈了恋爱，该如何处理因为时间而引起的学习和恋爱的矛盾呢？

要解决这个问题，需要从两个层面来认识：一是时间的冲突是真实的，二是时间的冲突可能只是一种表象。前者确实冲突存在，因为既要抓好学习，又想让恋爱谈得轰轰烈烈，时间确实不够用。这种情况其实很好处理，只要两个人认知相同，那么，一起学习、吃饭也是恋爱。即使担任了学生干部，忙碌也可以得到理解，这样的美好爱情在大学生中也是存在的。后者之所以只是一种表象，因为时间不够只是产生冲突的借口，冲突的背后反映的是两个人之间的感情缺少共同的追求，缺少理解和包容，严格来说，是缺少美好爱情的基础。所以，因为时间而产生的冲突和不愉快，不是因为冲突本身，而是因为没有感受到被理解带来的温暖和抚慰。

至此，该如何解决学习和恋爱的矛盾，答案就不言自明了。

我们的爱情为何这么累？

老师，我叫程一村，大一谈了恋爱。当然，按照惯例是我主动追求的女孩。她当时在我眼里真的很美好，文静、秀气、聪慧。我感觉如果不抓紧追求她，她就会旁落他人。通过努力，我终于梦想成真，那一段时间我觉得自己是天底下最幸福的人。可是，随着时间的推移，她在我心目中的形象一落千丈，爱情让我感到心烦和心累。我们每天都吵架，因为一些不起眼的小事，有时甚至是无意中的一句话都可能引发争吵，这让我一见到她就小心翼翼。原来我天天盼着见到她，和她在一起；可现在，她总是说在我的身上看不见未来，很难想象我现在这个样子将来如何能够给她一个温暖的家。说实话，我不知道将来如何，谁也无法预知未来，但这不能成为在现实中折磨我的理由吧？我甚至想到分手，可当初是我主动追求的人家，提出分手不是说明我出尔反尔吗？我不能这么做。可是现在这样，何时是个尽头呢？我们的爱情为何这么累？

这位同学的爱情之所以会很累，是因为他犯了爱情的两个大忌：一是对爱情的追求未能建立在相互了解的基础上，二是在恋爱的过程中出现问题未能善于沟通。恋爱过程中必须要解决这两个问题。

首先，相互了解是建立爱情的前提和基础。

爱情是什么？就过程而言，爱情是一个循序渐进、水到渠成的过程。如果过程有跨越，就一定要在后来的交往中得到弥补，否则就有可能成为爱情的隐患。就爱情的全部过程来说，大致需要通过了解、理解、适应、接纳四个阶段。

如同友情的建立一样，人与人之间建立感情都需要有一个相互了解的过程。但由于爱情的专一性和排他性，爱情要求对双方了解的程度要远远高于友情。因为这关系到自己能否在心理、生理上以及未来的生活中完全接纳对方成为自己生活的一部分。

就爱情的四个阶段来说，了解是最基础的，也是决定爱情能否建立的关键。对对方了解得越充分，最后做出的决定就越理性，建立的情感就越稳定。理解是在了解的基础上建立起来的。双方了解得越深入，理解就越容易。双方越是能相互理解，情感就越容易产生共鸣，越容易达到理想的境界。

有人曾这样形象地描述爱情：恋爱之前，要睁大双眼；恋爱中，要睁一只眼闭一只眼；结婚后，要把两只眼都闭上。这句话里的“眼睛”说的就是对对方了解的窗口。这说明在谈恋爱之前，要对对方有全面深入的了解，有了这个前提，恋爱过程才能顺利推进。

就恋爱来说，我们在了解对方的过程中其实也是在加深对自己的了解。这是一个调查研究的过程。爱情不是简单的动物性的本能冲动，而是理性智慧选择的结果。因此，了解自然就成为选择前的基本准备。了解自己，清楚自己需要什么样的爱情，而不是因为对方在某些方面很优秀就觉得自己遇到了爱情。恋爱的对象不是一个物件，因为美好所以就想拥有。恋爱的对象是一个活生生的人，一个有着主观能动性的人，一个和自己一样有着个体需求的人。因此，要问问自己，这个“好人”是你想要的“好人”吗？了解别人，不仅仅是了解对方有哪些条件可以满足自己的恋爱需求，而且要了解对方对恋爱对象有哪些要求，自己是否满足。如果不是充分了解，就缺少相爱的基础。

但就现实而言，青年大学生对爱情的追求往往就如同一村同学那样，看到了一位如此姣好的女生，首先想到的不是是否适合自己，人家是否愿意或自己是否能够满足对方的情感要求，而是先追求再说，否则“好女孩就没有了”。而被追求的人常常不是认真地去了解自己和他人，而是被追求对象的行为所感动，出于感动而接受了他人的追求。这其实都还不是爱情，而是爱情的萌动或冲动。有人说，谈个恋爱，需要那么复杂吗？先拥有才是最重要的，所谓“只要曾经拥有，哪管天长地久”。这句话说起来很潇洒，其实很不现实。一村同学的拥有同时伴随着痛苦，这是他当初想要追求的爱情吗？既然不是，为什么还要拥有？这种结果的根源就在于当初并不了解自己的需要，也不了解对方。

其次，爱情生活中相互沟通也很重要。

人际之间的美好感情都是通过良性沟通获得的，爱情更是如此。爱情的建立并不能说明爱情的完美，恋爱双方沟通的状况决定着爱情的质量和走向。沟通得顺畅，双方的情感就会越来越亲密，爱情就会自然地走向婚姻；沟通不理想，双方的情感就会越来越疏远，爱情就会逐步消亡。大学生由于长期的学习压力，没有太多的机会在人际交往方面得到锻炼，与人沟通的能力多有欠缺，这也反映在大学生的爱情生活中。一村同学的情况并不是个别现象，而是具有普遍性。

恋爱双方的沟通并不是相互间简单的交流，而是既有内容又有形式的情感表达。正因为是一种情感的表达，所以恋爱过程中的沟通是一种重要的能力。有人将这种能力比作弹钢琴，善于沟通的人就像弹钢琴的高手，不管怎么弹都能演奏出动听的音乐，不善于沟通的人就像拙劣的钢琴演奏者，怎么努力弹出来的都是噪音。或许这样的比喻使人感到有压力，觉得将沟通的能力夸大了。其实不然。简单地说，这种能力至少在三个方面的表现是十分明显的，即既要讲究沟通的技巧，又要讲究沟通的内容，还要讲究沟通的环境。

爱情沟通的技巧主要是语言的技巧，包括声音语言和肢体语言两个方面。有声语言就是我们平时的说话。同样的一句话采用不同的表达方式，结果可能截然相反。会表达的人能够让听者乐于接受，不会表达的人却可能让人反感甚至愤怒。

爱情沟通的内容也有讲究。恋爱关系一般都不会在完全了解的基础上建立，而是需要在恋爱的过程中进一步加深了解，所以爱情生活中的有效沟通可以弥补了解的不足。聪明的恋爱者就会“留个心眼”，通过交流来进一步确认眼前这个人是不是和自己相伴一生的人。

爱情的沟通更讲究环境。因为爱情是两个人私密的事情，不用别人知道，所以，谈恋爱的人总是寻找不容易被打扰的地方。美好而恰当的环境对于增进爱情也有独特的功能，聪明的恋爱者会在环境上用心选择。比如在春天里选择美丽的鲜花相伴，携伴侣踏青远足；夏日里选择可以遮日的阴凉，品尝冰激凌的清凉；秋天里选择碧水蓝天的美景，共赏秋水与长天一色、落霞与孤鹜齐飞的美景；冬日里在和煦的阳光下与相爱的伴侣踏雪寻梅。这些无一不充满浪漫的色彩。环境是有色彩的，爱情需要环境的点缀，所以一定不要漠视环境给予爱情的滋养。

异地何以成为爱情的阻碍?

我们是高中同班同学，高中毕业前确定的恋爱关系。后来我们两个考上了不同城市的大学，两年来，我们一直是异地恋。尽管我也觉得挺辛苦，不能像其他恋人一样卿卿我我、耳鬓厮磨，但也有相互牵挂带来的温暖、难得见面的欣喜和热烈……可是现在我怎么也没有想到她会提出来分手，这让我太意外了。她的理由很简单，就是因为异地恋太辛苦，她受不了了。怎么会是这样？我一直以为只要自己真心付出，距离不是问题。我几乎把所有省吃俭用节约下来的钱都用来支付去看她的路费了，可结果……难道异地真是爱情的阻碍吗?

异地恋是一种正常的爱情现象，具备正常的爱情所需要的一切元素和条件。但和同地恋相比，又有自身的特点。

首先，异地恋一定是在空间上有较远的距离，由于多方面的条件限制，使恋爱的双方不能经常见面。其次，和同地恋相比，异地恋的双方有较大的自由空间，双方心理上常常感到不安定。最后，和同地恋相比，恋爱双方面对面的相互呵护、照顾是异地恋无法完成的。

那么，异地到底是不是爱情的阻碍？回答这个问题的关键点是如何经营异地恋。因此，必须首先搞清楚维护爱情需要哪些条件。

爱情需要维护的方面有很多，人们通常从维护爱情都有哪些具体的做法这个角度探讨如何保持爱情的活力。事实上“保鲜”爱情至少涉及两方面内容：一是表达爱的手法，二是恋爱者的心理体验。这两个方面如果有一方面做得不够好，都有可能引发爱情变质。

从爱的表达手法上来看，异地恋和同地恋相比，不易为爱情“保鲜”。这一点是异地恋者不得不面对的挑战之一。从爱情的心理体验来说，和同地恋相比，如何满足恋爱双方的情感需求是异地恋无法回避的又一问题。由此可见，说异地是爱情的阻碍，说到底是在考验异地恋者的心理和情感基础。异地恋到底成功率有多高，没有人做过相关的统计，但异地恋要比同地恋接受更多的挑战和考验却是不争的事实。

一些青年人对爱情的认识有误区。爱情是什么？不同的人有不同的界定，但不论是什么界定都有一个共同的内容，那就是异性之间以相互倾慕为前提，渴望对方成为自己终身伴侣的美好情感。解读这一句话，仁者见仁，智者见智。我们以为，至少能够做到对对方的欣赏是发自内心的并能够持久不变，以对方最终成为自己的终身伴侣为追求目标，以情感的真实存在为第一条件。

任何一种美好的情感都需要用心珍惜、用爱呵护，爱情更是如此。从另一面来说，爱情不独是一份美好的情感，更是一份承诺，一份信任，一份坚守。

恋爱的双方在决定接受对方的那一刻起，无一不希望这份爱能够永久，从本质上来说这就是一份关于情感的承诺。从这个角度来理解承诺，就一定与信任、坚守紧密关联。承诺的前提是对对方的信任，如果信任没有了，承诺就没有了基础，坚守更没有意义。不管是异地恋还是同地恋，这份基于信任的爱情承诺都是不可缺少的。承诺是表现于外的，既有语言上的海誓山盟，也有物质上的各类“信物”，这基本上是表达爱情的固定方式，自古有之。信任是体现于内的，是在对对方深刻了解的基础上建立起来的，是对美好爱情的神圣信念。坚守表现为对承诺和信任的执行力：执行力越强，就说明这份承诺和信任越厚重；执行力越弱，则反映这份承诺和信任越单薄。如果说爱情这种抽象的不可见的情感可以用什么可见的可感的具体的事物来表现的话，那么，承诺、信任与坚守就是最好的体现。

当然，不能否认，在现实的生中，有些人缺少对对方的深入了解就轻信对方，比如被对方的花言巧语蒙蔽，被对方的某些行为打动，这样的轻信必然导致爱情的承诺可能是一纸空文，甚至是一个骗局。这样的结果伤害的不只是情感，还有当事人对于情感本身神圣的信仰。一些失恋的人再也不敢涉足爱情，大多因为如此。

从心理学的视角来看，承诺、信任和坚守都与一个人的意志力有关。任何行为都包括知、情、意、行、信五个有机组成部分。其中的“意”即意志力。如果一个人的意志力薄弱，“知”和“情”再好都不能通达至“行”乃至“信”的层面。正如所有的人都知道，考上最好的大学将为自己未来人生奠定好的基础，可那些没有顽强意志力的人总无法实现自己的梦想。同样的道理，谁都知道美好的爱情是一份承诺、一份信任，更需要坚守，但如果没有一定的意志力，就可能在遇到困难或挫折时主动放弃。

在现实生活中，某些青年由于生活在优越的环境中，没有受过多少磨炼，因此意志力比较薄弱。比如，因为爱情受挫而消沉，因为成绩不好而堕落。如果意志力薄弱者选择了异地恋，结果可想而知。因为与同地恋相比，异地恋所遇到的困难和挫折可能要比同地恋多得多，异地恋者更需要信任和坚守。因此，异地恋者如果没有顽强的意志力，放弃就会成为自然的结果。

综上所述，提高认知、善于表达以驱走心魔，锤炼意志、提高信任以坚守承诺，是跨越异地爱情阻碍的良方。

失恋为何成为难舍之痛？

小玲（化名）失恋了，一直难以从失恋的痛苦中走出来，思忖再三，还是决定给老师写一封信，倾诉一下内心的情绪，希望得到帮助。以下是这封信的片段。

老师，我失恋了。本来我以为既然被甩了，也没有必要纠缠他，好聚好散，安心地调整好自己就好了。可是，已经过去几个月了，我依然没有真正从内心深处忘却这份感情——这份曾经让我感到幸福、安定、值得期待的感情，这份让我身心都无私投入的感情。我从不计较他为我做了什么，也不像其他女孩那样为一些鸡毛蒜皮的事情斤斤计较，因为我相信他，欣赏他，以他为骄傲。可是为什么我还是被无情地抛弃了呢？他给出的分手理由是，我们没有共同的生活目标，为人处世的方式也有很多不同且不能相互包容，对未来的追求也存在巨大差异，这样一起生活以后会很累，不如干脆分开，给彼此一次重新选择的机会。

老师，为什么我付出了那么多，换回来的却是这样的结局？我从没有想过还要再谈一次恋爱，我是一个本分的女孩，认定了就想从一而终，可是为什么不能如愿呢？尽管我觉得他说的理由有一定的道理，可是我可以改变啊。我现在每天都会想他，依然默默地关注着他的生活，我无法放下这份感情，我该怎么办？为什么失恋会成为我的难舍之痛？

失恋失去的是什么？要回答这个问题，首先要回答“爱情让我们得到了什么”。

首先，就爱情的开始阶段来说，人们得到爱情其实是得到了一次机会：一次让自己与某个特定的人共同拥有爱情的机会，一次让自己感受爱情、懂得爱他人的机会。这样的机会同时给我们带来很多附加内容。比如，心理上的相互认同和接纳，生活上的相互照顾和支持，工作上的相互帮助和支撑。因此，每一个人在得到爱情的时候都会发自内心地感到幸福和快乐。

其次，就爱情作为一个过程来说，人们得到的是为爱付出后的回报。与人际交往一样，付出一般都会有回报，尽管付出的和得到的在内容和形式上并不相同，但一定是可以得到回报的。

最后，就爱情是一种生活来说，人们得到爱情其实得到的是一种新生活。客观地说，爱情其实是青年人现实生活的必需品。爱情不分年龄，但更多时候，爱情是属于青年人的，无论你愿不愿意接受，这都是一个事实。

可见，人们得到了爱情，就可能得到上述三种结果。因此，我们可以说，人们失去爱情其实就是失去了一个机会、一个过程、一种生活。但每一种失去都伴随着获得，得失相伴而行。如果失恋就是失去一个机会、一个过程、一种生活，那么失恋过后也一定会收获另一个机会、另一个过程、另一种生活。这样想来，那失恋还有什么好难过的呢？失恋者难过是因为只感到失去，而没有感到这种失去其实伴随着获得，失恋对于青春的成长同样具有重要的价值。尽管我们不能因为失去爱情而高兴，至少可以通过这种得失的辩证关系安慰自己的内心，使负面的心理体验得到舒缓。

难过是失恋后一种正常的情绪体验。我们知道，情绪具有反复性、持续性，负面的情绪体验不会稍纵即逝，所以，失去爱情可能会使人感到强烈的持久的痛苦。正如人们说跌倒了并不可怕，可怕的是站不起来一样，从失恋中走出来对于一个青年来说，也是成长的必修课。如果不善于处理这种负面的情绪体验，就会使自己的身心受到巨大的创伤。

有的人采取注意转移的方式来忘却过往的爱情，这不失为一种好的方法。但是，要想从内心深处真正走出情感的阴霾，这还不够。因为注意转移只是一种“物理”的方式，而不是“化学”的方式。所谓“物理”的方式，是指采用不关注的态度将它暂时搁置一边。所谓“化学”的方式，则是从根本上消除失恋给自己带来的负面情绪体验。失恋者在思想认识上要正确看待失恋的结果，在生活态度上要能够接受失恋的得与失，在行为方式上要能够将失恋中获取的生活经验与现实生活实践结合起来，正确处理爱情中遇到的挫折。凡是能够做到这三个方面，就能够真正从失恋的困顿中走出来。比如有的人失恋后很快振作起来，认识到自己的差距，从此决心努力提升自己。有的人因为失恋而意识到自己的不足，开始在日后的生活中慢慢改进，使自己变得更加优秀。这些都是通过“化学”的方式消化了失恋之痛，使挫折变成了成长的养分。

有一种特别情况值得讨论：有些失恋者不论是用“物理”的方式还是用“化学”的方式都难以消解失恋之痛。这些失恋者认为自己失去的是世界上最好的恋人，从此再没有人可以替代此人在自己心目中的位置，因此自己未来的人生将不再有幸福可言。这样的思想认识在很多失恋者的身上都可能存在。

当然，我们不否认这样一个事实：爱情作为一个机会、一个过程、一种生活都是因为某个特定的恋爱对象而设定的，因此我们说，失去爱情是失去一个机会、一个过程、一种生活。这听起来不容易被接受。“如果失去了这个人，那我追求的爱情还存在吗?”确实，因为失去了这个特定的恋爱对象，与这个人相关的爱情从此也将消失。这里引发三个问题不能回避：我们是因为失去爱情而痛，还是因为失去此人而痛，还是因为失去与此人相关的爱情而痛?

如果因为失去爱情而痛，这是不准确的。因为爱情作为一个机会、一个过程、一种生活，只要有了合适的对象，爱情都还会重新开始。经历了一次挫折的磨炼，获得新的机会，开始新的过程，打造新的生活，我们将会更加从容地面对以后的生活。

没有了爱情，还可以再做朋友吗?

和深爱三年的男友分手了，在寒冷的冬季失去了三年的感情，失去了曾经熟悉的肩膀，失去了自己心爱的工作！曾经的生活一下子不再属于我。是他，狠心地把我的梦打碎了！可我对他却恨不起来。分开了已经一个月了，本以为自己能放下了，能振作起来，却在凌晨接到他的电话："睡了吗？晚上睡觉别踹被子。周末有大风，别在外面瞎跑了……"这个时候听见那久违的熟悉的声音，我还是难以控制自己的情绪，忍不住流下泪来……无论多晚，他打的每一个电话我都会接，发的每一条短信我都会在第一时间回复。以前睡觉喜欢关机的我，现在是24小时开机，或许在内心是在期待某个时刻能接到他的电话或短信吧。我们分手了，两个人还能再做朋友吗?

人们常常会问这样一个问题："异性之间有没有友谊?"这本不应是一个问题，因为就友谊而言，从没有人规定只有在同性之间才有友谊。古往今来，异性之间的友谊不胜枚举。但现实的生活中，好像异性之间的友谊和同性之间的友谊相比又有不同，常常是两个异性朋友处着处着朋友就变成了恋人，如果不能成为恋人，到最后友谊也会无疾而终。为了使两个人之间纯正的友谊不被误解，考虑到对方的幸福生活，异性朋友一方一般会在另一方有了恋情之后选择有意识地疏远。

我们知道，人与人之间的感情是相处出来的，不管是同性还是异性。随着人们交往的深入，相互之间的认同度提高，情感融合度也会越来越高，同性之间会产生“情同手足”的感情，而异性之间常常是以“结为伉俪”为最美结局。应该说，这是一种十分自然的现象。

但是，首先要问的是，异性之间的友谊是否一定会向爱情转化呢？有没有一种可能，就保持友谊这样的关系而不向爱情转化呢？生活的实践证明，这样的情况确实存在。只要人们能够理性地分清自己和异性朋友之间的感情到底是爱情还是友情，就可以处理好这种关系。

其次，如何判定异性之间的感情是友情还是爱情呢？同性之间的友谊，一般很容易判断，从理论上来说，友谊不具有排他性，相互之间可以拥有共同的朋友。从实践上来说，两个人也可以通过自身的情感体验，感受到共同的朋友带来的快乐。异性之间呢？作为友情，两个人同样可以拥有共同的朋友，但是从情感的体验来说，一定是友谊带来的愉悦感吗？即使两个当事人是这种体验，其他共同的朋友也会这么看吗？共同朋友的看法会影响两个当事人的情感判断吗？生活实践中，正是因为种种质疑，一些本来拥有友情的异性朋友结果选择了爱情，可是，由于爱情的要求要比友情高得多，真正选择了爱情，又发现这是一个错误的选择，结果是，爱情没有了，再想找回从前的友情也很难。

那么，友谊还在吗？这正是本题的追问。没有了爱情，还可以再做朋友吗？这要看从什么角度来提问了。当然可以，只要两个当事人愿意，做不做朋友都是个人的选择。从情感上来说，原来误以为两个人可以在爱情的路上走得更远，但发现双方不适合做恋人，既然不合适，那就从头再来，从朋友开始，有什么不可以呢？只要把握好感情的尺度，就没有问题。两个人有过一段刻骨铭心的爱情，然后分手了。既然分手了，按照人们的生活观念来说，还会有新的爱情来临。在新的爱情来临之时，旁边还站着一个往日的恋人，那新的恋人该站在哪里呢？从理论上来说，爱情具有很强的排他性，因此，就人们通常的生活观念来说，没有了爱情，友情最好是不再维持了，因为很难处理好双方日后的情感生活。所以，即使友情真的存在，人们一般也会因为维护对方，祝福对方拥有美好的新生活，主动选择离开原来的友人，将曾经的美好感情永远珍藏于内心深处。

第四编　爱情箴言

什么是爱情

对于青年大学生来说，爱情的追求是人生追求的一部分。因为，爱情本身并不只是一种情感，生活会给爱情注入活力。正因为大学生的主要任务是学习，所以，很多学生时代的爱情都不能接受社会生活的考验，所谓“见光死”，原因就在于此。那些在大学期间努力奋斗的人，何愁没有爱情呢？倒是由于过分把精力放在爱情本身的追寻上的同学，在一定程度上削弱了个人的实力，从而降低了自己获得爱情的基础。

友谊与爱情有没有界限呢？这看起来是一个很可笑的问题。因为不用回答就知道，当然是有界限的。没有界限还得了？但问题可能没有这么简单。对于那些因为友谊才获得了爱情的异性来说，友谊和爱情就是没有界限的。爱情中有友谊，友谊中也有爱情。但是，对于普通的异性来说，友谊和爱情的界限是很明显的。我们不妨用两个人一起散步时相隔的距离来形象地加以说明。如果是友谊，两个人之间应该至少有一尺远的距离。如果是爱情，那就几乎是亲密无间了。由此可见，爱情和友谊是有界限的。既然有界限，那么，友谊与爱情就必须界限分明，否则就混为一谈了。异性间有没有纯真的友谊呢？作为一种客观存在，异性之间怎么可能没有纯真的友谊呢？

爱情和友情是如此的不同，友情可以选择无限大的包容空间，而爱情则不同……人们常说，爱情对彼此双方都有一定的要求，友情则相对比较包容。

我们常常听说爱情需要追求才可获得，这是不准确的。因为追求爱的人常常是对被追的人心存欣赏和喜爱之情。我们不否认这应是可能产生爱情的情感基础。但问题就在这儿，追的行为其实是人为地催生了还没有达到爱情程度的感情。欣赏并不是爱情，最多有望培养成爱情，万不可催生爱情。

对于青年来说，追求美好的感情是人生的一大要义。有人说，爱情就像一件棉衣，穿起来会感到行动不便，但是当你冻得不行的时候还是会感到温暖。因此，不能因为爱情可能会给自己带来麻烦就停止脚步。

爱情是怎么样的一辆战车呢？当另一个人搭上你的车，你将用什么样的方式来面对、接纳这个人呢？有没有想过，如果有一天有人想离开这辆战车，这辆行走中的战车不会让任何一个人全身而退！情感就是这样一辆温柔而残酷的战车，没有它，仿佛没有人生；有了它，一路如何，神仙难料。

爱情是两个人的事情，结婚是一群人的事情。你可以搞定两个人，你能够搞定一群人吗？如果搞不定，结婚对你来说就意味着还有很漫长的路要走。当然，你可以不结婚，就一直恋爱下去，那还得问问你的另一半愿意吗？另一半后面的一群人愿意吗？

亲情是爱情之树的果实。果实的成长状态反映着爱情之树的营养状况。“子女是爱情之树的果实吗？”“不是，子女是爱情之树的果实的种子。”

爱情因为可以改变人的命运而使得人们不得不重视它。一个人的时候你尽可以享受自由，如若选择爱情，就必然改变原来的运行轨迹。爱情是使你向期望的方向飞去还是正好相反，只有上天知道。

爱情在更多的时候是属于青年的。无论你愿不愿意接受，这都是一个事实。因为青年缺少生活的经历和磨炼，对爱情充满了期待和想象，即使他们会有很多失误和错误，那也是属于他们的成长历程。爱情如果没有青春的苦涩，就会缺少一种难得的味道。

一般认为，爱就是给予，就是奉献，就是牵挂。少年的爱情就是满脑子都是心中的他（她），一日不见如隔三秋。我们不能说这不是爱，但这一定只是爱的一种表现形式，绝不是爱的全部。学会放下，也是爱的一种重要的表现形式，而且一定不可缺少。其实，生活中很多人受的伤痛都是因为没有放下才导致的。不是吗？争执时，放下自己的坚持。因为争执而伤害对方，坚持就变成一把利刃。放下，可能会失去胜利，甚至是自己的尊严，但与得到爱相比，这种失去又算得了什么呢？期待时，放下心中的目标。自己的目标只是自己的，甚至是想象的，你期待的未必是你能得到的。很多家长对孩子失望，甚至导致孩子与父母反目，其实是自己没有放下自己的主观期待。放下，只是自己的期待没有实现，而得到的却是爱。孰轻孰重呢？放下自己的坚持，爱的对象或许没有朝着自己期待的方向成长，但他（她）依然温暖地陪伴着你，这不比期待本身更重要吗？

如果不理解亲情，就很难真正认识爱情，因为爱情的果实就是亲情。因此，如果相互间没有形成具有亲情因子的爱情，那迟早都会面对分离的结局。在这个意义上说，那些不懂得珍惜亲情的人是很难拥有美好爱情的。胸怀亲情的人从不计较得失，亲情的付出从不在乎回报，更不会有背叛。因此，我们基本上可以将爱情的现实情况加以划分，那些在家里能够与亲人和睦相处的人，通常在爱情方面也会很顺利，因为他们善于与人相处，懂得珍惜；而那些在家里依仗着亲情而肆意妄为的人，在爱情上也会遭受波折，因为除了亲人，没有人愿意和一个肆意妄为的人在一起生活。

一些无忧无虑的年轻人常常在自己的生活中寻找文学作品中的浪漫爱情，或在虚幻中体验爱情。文学作品中的爱情是专门捡拾现实爱情美好的竹篮子。

爱情是一项甜蜜的事业。和所有的事业一样，这项事业需要经营。经营爱情的过程是一个提高自身修养的过程，是一个内外兼修的过程。内修善良之德，外养仁慈之性，非如此不能与相爱的人形影不离、相亲相爱。所有美丽的爱情故事无不有力地证明，爱情的经营需要奉献，为爱的奉献必须无私！

爱情是一份永恒的担当。有位哲人说，一个人，无论你有没有意识到，你都担负着一定的责任。每个人都有一副肩膀，一边担负着家庭责任，一边担负着社会责任。无论你愿不愿意，这份责任都在那里等着你。爱情使人组建了家庭，家庭组成了社会，而正是家庭和社会使爱情得以永恒。

爱情如果不能得到，那还叫爱情吗？没有得到当然会受伤啊。是的，既然没有得到，怎么还叫爱情？或者这样说，爱情就是为了得到才值得去努力，否则还谈什么爱情？别慌，我们来理一理。我说受伤是因为没有得到，放下了想要得到的执念，自然不会受伤。现在的问题是，就是放不下，不可能放下，因此受伤是必然的，所以说爱情其实是一场冒险。这样，我们换个角度来看这个问题，可能就清楚了。如果我们同意“得到”只是一个水到渠成的结果，而不是一开始就迫不及待想要达成的结果，可能就容易理解我所说的“放下”了。

爱情、婚姻总有太多的未知，有时讲运气，有时看能力。每个人都梦想得到属于自己的美好爱情，可在有限的交往群体中，谁能确定会找到那个理想中的爱人呢？正是在这个意义上，爱情和婚姻其实是一次人生的博弈，是在运气与能力的统一中用自己的全部身心进行的冒险投资。

爱情这事儿与修养密切相关。凡是跟人打交道的事儿就得考虑修养的问题，没有修养，谁愿意跟你打交道？更何况是一辈子跟你一起生活、学习和成长？提高修养本来就是润物无声、潜移默化的过程。看看那些失恋的人终究又找到了爱的归属，就是因为他们经过了失败的磨炼，开始慢慢成长，通过对自己的反思，改掉那些导致失败的不好的东西，张扬那些有益于自己成长的东西，最后让自己成长成熟，并被人接受。所以，美国心理学家埃里希·弗洛姆说，爱是一种能力。在我理解，这个能力至少包括两个方面：一个是自我修养、自我教育的能力，一个是爱别人的能力。这两个方面如果还十分欠缺，是不会有什么美好爱情可言的。

爱情是一种来自男女双方的需要。它的伟大在于，爱情需要坚持和不断自我更新。需要总是与人的利益有关。爱情是人一生中最大的利益，所以许多人能够坚持而不放弃。只有不断更新自我，才会使爱情永有新意。如果只是因为一时的利益而坚持，在挫折来临之际可能就会选择放弃。所以，爱情其实是一种能力，一种能够使自己的需要得以永恒的能力。文学作品中所渲染的为了爱情而不顾一切，终将获得爱情的描述，只是一段佳话。爱情本身是一个完整的过程。当我们看到男女双方终于收获了爱情后，还应该问：后来呢？

爱情是自己最大的利益！因为它关乎一个人一生的生活质量，任何一个认真对待生活的人都应持有这样的态度。看看很多人的改变，都是在爱情发生之后。爱情是把锋利的双刃剑，每一个人都有自由选择的权利。因此，面对爱情的得失，请淡定。

爱情是个体自身的因素和环境条件共同作用的产物。因此，爱情既不像亲情那样与生俱来，无需努力即可获得；也不像友情那样，犹如空气不可或缺。只有不断努力，爱情才会永不枯竭。所以当你看到爱情发生变故，无一不是因为某种原因个体放弃努力的结果。

人是告别不了情人节的，小的时候看热闹，大的时候亲身体验，再大的时候就回头来祝福，老的时候还是看热闹。人的一生如果没有爱情，或许就会一直沿着自己的梦想前行，而有了爱情，就要将两个人的梦想结合在一起前进……

人们并不是一开始就懂得什么是爱，应该怎样表达爱，总是要在不断的实践中逐步探索，渐进地提高认识、增强能力。有些人不免会因为自己的无知而误解了爱或错误地表达了爱，最终失去了本应得到的爱。失去了可惜吗？当然可惜！有的会是一辈子的痛，尤其是那些因为误解而失去的爱。但有后悔药卖吗？

爱情可能就是这样，你不愿意再想，却无法克制内心的慌张，才下眉梢却在心头萦绕。尽管你心里知道，继续下去可能真的没有意义，却怎么也无法忘掉。我们终究会明白，这个世界离开谁都照样潮起潮落，伤痛不过是暂时的，时间能医治创伤，也能冲刷掉所有的印记。

爱情的选择

当爱情来敲门，别急着把门打开，多观察他（她）是不是你理想中的恋爱对象，“三观”理想、兴趣爱好、生活方式……爱情可以迟到，但是爱情必须和理智同行。友情可以坐错位置，换个座位并不难，但爱情不可以如此随意。宁愿做坚强的自己，也别为了短暂的孤独抛弃自己。

想找对象，只是一种自然的冲动。能找对象，才是一次理性的选择。找到对象，既是一次全面的检验，也是一次灵魂的重生。

找一个懂你的人做伴侣，别跟一个欣赏你的人谈婚姻。一个人被欣赏很容易，但被欣赏不一定被爱，欣赏离爱还有一段距离。有不少悲剧源于错把欣赏当爱情！

人们有权利选择自己的爱情，更有权利选择表达爱情的方式，所以我们可以听到不同的歌手用不同的方式表达爱情的感伤。可是，歌声的安慰不能代替想要的爱情，再痛彻的感伤也不能替代本真的生活，没有一部打动人的爱情故事不是本真生活的反映。因此，要追求永恒而真实的爱情，首先要问自己是否懂得生活。

你因为什么爱？人好，适合我，为我付出了太多，需要呵护……对方很好就应该接受你的爱吗？适合你的人不是唯一的，他（她）因为什么要为你付出？他（她）一定需要你来呵护吗？……什么都搞清楚了，爱情还有什么滋味？

人们说，要想获得美好的爱情，必须找个爱你的你也爱的人。如果只是他（她）爱你，或者只是你爱他（她），结果都不同：爱你的人会使你变得薄情骄横，你爱的人会使自己变得哀怨悲凉。其实，亲情和友情又何尝不是如此呢？人之情份非互爱不可得，非真爱不可享，非深爱不能永远。

是找一个爱你的人，还是找一个你爱的人？在爱情的寻觅中，很多人喜欢问这个问题。其实这是一个很难回答的问题。因为，爱你的人你不一定爱他（她），反过来也一样，你爱的人他（她）不一定也爱你。记得曾有一首歌这样悲情地唱道："想要问问你敢不敢，像你说过那样的爱我？"在这人世间，有多少情真意切的悲欢离合，都是因为相互之间爱得不平等啊。事实上，由此也可以看出，爱情从来都是讲求对等的，讲求回报的。以为爱情就是无私奉献的看法，用以指导自己，则伤了自己；用以引导别人，必定害人不浅。那么，什么样的爱才是最好的呢？或者问，一个什么样的人才是这辈子最难得的陪伴者呢？我以为，是懂你的那个人！懂你的人，知道你需要什么，恰当的给予是最好的爱。无论是亲情、友情，还是爱情，无不如此。亲情如果给予太多，往往会给对方造成心理负担，甚至可能会适得其反。爱情如果给予太多，对方往往会因为太容易得到而不珍惜。友情如果给予太多，如果处理不好，也会给对方造成心理压力，甚至因为感到亏欠而想逃离。因此，一个人在情感的世界里是否幸福，就看他是否有幸拥有一个懂自己的人。

从根本上看，爱情不过是一次选择。这就像走进超市，知道自己想要什么的人，进去一会儿就选好东西带走了。而如果不知道自己需要什么的人，就会在里面漫无目标地逛啊选啊……总觉得还不怎么满意。男人和女人逛超市，那种心境就如同选择爱情一样。所以，知道自己是什么样的人，知道如何表达自己的人，很容易就能让人了解自己，也很容易获得自己的美好爱情；而那些既不了解自己也不清楚如何选择爱情的人，在收获爱情的道路上还有很长的路要走。

要不要追求爱情？当然要！要不要争取爱情？当然要！问题是，什么时候该去追求，什么时候该去争取。锅里面的米还没有下，锅底下的火已经熊熊燃烧，这锅啊，不烧烂才怪呢！所以，磨刀不误砍柴工，提升自己是收获爱情的先决条件。

恋爱就是一次探索：一次对适合自己的爱人的寻找，一次对自己的全方位的探寻。问问自己，他（她）是我要找的人吗？我准备好迎接爱情了吗？我需要什么样的人陪伴一生？从探索的角度来说，恋爱还是一次有收获的投资。因为无论成败，都是探索的收获。人生本来就是一次探索的过程，爱情也不例外。所以，爱情需要勇气。

是找自己爱的人，还是找爱自己的人？常常有人这样问，其实担心的都是同一个问题：要是不能得到相同的爱，爱情还会存在吗？找一个自己爱同时也爱自己的人，我怎么知道他（她）也爱我呢？没有相处，没有了解，没有付出，甚至没有等待，怎么会有爱呢？即使是自己爱的人，那也要在相处中获得爱的验证啊。所以，想爱，别着急！

别以为爱情给你带来的都是美好，还有很多不美好的东西在等着你呢。所以，你准备好了吗？你知道你需要什么样的爱情吗？你学会判断真爱了吗？你学会怎样去爱一个人了吗？如果被拒绝，你准备好承受失望和痛苦了吗？如果半路告别爱情，你准备好擦眼泪的纸巾了吗？

有的人你怎么也不能忘记，有的人你怎么也想不起来，有的人只是擦肩而过却难以忘怀，有的人即便生活在一起也与爱情无关……如果幸福还没有来敲门，那就只能慢慢寻找。

认同，就是欣赏、仰慕、崇拜、迷恋等。爱情或友情的认同需要相互的认同，而不是单方面的认同，用一句潮话说叫“互粉”。影响人们相互认同的因素有很多，但我认为主要有成长的环境、从事的工作、自身的素质三个方面。这正是影响爱情的主要因素。因此，要想提高自身的认同度，可以从这三个方面着手改造和提升自己。这样我们来谈爱情的基础或前提就容易多了。无论你原本如何，爱情的关键是，一个真实而富有内涵的你能够在多大程度上获得另一个人的认同，这将决定你能否拥有一份属于自己的幸福。情感世界可能会有很多故事发生，但是可能缺乏幸福的内涵。所以，要寻求友谊或爱情，可能不是依据地位、职业、外貌、背景等，而应以彼此能否相互认同来判断。由此可见，“门当户对”不是“门户”的大小，而是相互认同的程度。人生最幸福快乐的事情莫过于自己的言行被认同，它是最高的精神享受。就此而言，人们追求友谊或爱情，其实都是在寻求认同。只有高度的认同感，两个人才可能产生情感和心灵的共鸣。所以，当人们失去友谊或爱情，痛苦的根本并不在于失去友谊或爱情本身，而是失去了长期以来形成的高度的认同感。

你为什么需要爱情？当然是情感的需要。那你为什么选择这个人而不是其他人？因为他（她）能给我想要的包括感情在内的各种需求。那么你不打算为爱情付出吗？当然，我不付出他（她）会答应我吗？

真爱的省思

什么是真爱？用自己的良知去为爱的对象付出，就是真爱。这是不能由爱的对象来简单判断的。真爱无悔！如果你爱对方（不管是爱情、友情还是亲情），只要是真诚付出，就足够了。当然，如果对方没有感受到，我们会很难过，不要去责怪对方，而是要问自己，为什么自己付出的爱没有让对方感受到呢？因为付出的爱让对方感到幸福，这才是最好的爱，既达成了自己的心愿，又让对方感受到了爱。而如果对方没有感到幸福，甚至感到痛苦，那么，即便我们付出了真爱，也是有问题的。

真爱是什么？是恋人的卿卿我我，是父子之间的亲切交流，是年轻友人们的打闹嬉戏……总之，爱就是因为无法一时拥有而让我们欣赏、羡慕、向往。它引领我们去追求，并在现实的磨炼中体味属于自己的真爱。

真爱，不仅仅要懂得给予，还要懂得放弃！爱不一定是拥有，静静的守望有时候也是一种不可替代的爱的方式。

真爱都需要被珍惜，即使是出于某种原因不能让人接受。因为，人世间的真爱并非时刻存在，如果不是某种机缘，为何人家会爱你呢？有人会说，既然不能接受还要想那么多？其实，不要想太多，珍惜其实就是尊重，并不是非要拥有才是珍惜。不尊重不行吗？这想法正是永无真爱的根由。

如果是真爱，就不会失去耐心。要是失去了，就要问自己当初追求的是什么。比如，如果追求的就是一个陪伴自己的人，那只要在特定的条件下就可以。一些大学生就是因为害怕孤独才寻找爱情，其实那不是爱情，只是有一份感情而已。所以，有一天一旦遇到了真正的爱情，眼前的感情就会成为过去。真爱不会，因为至少在我看来，真爱是可以舍弃一切的。这一点，不单是爱情，就是亲情、友情也是这样。现在的孩子培养成本那么高，为什么父母却从没有放弃过培养自己的孩子？因为父母为了子女可以舍弃自己的一切。友情也是如此，比如，马克思和恩格斯的友谊，中国古有伯牙和钟子期，三国时有刘关张，《水浒传》中的一百单八将们。因此，如果是真爱，还有什么不能等？其实，在有些青年人的眼里，爱情似乎就是眼前看到的，我们可能只是羡慕地说一声，这样的爱情怎么没有发生在我的身上？真爱需要追寻、付出、等待和守候……当亲情和爱情发生冲突时，我选择亲情。因为是亲情养育了我，而不是爱情。真正的爱情，是可以让这种冲突化为乌有的，否则就不是真正的爱情。有人说，爱情不是需要，不是利益，那是什么呢？我们从他（她）的誓言中咀嚼不出来什么，或许我们只好这么理解，爱情就是爱情。但我想反问：如果爱情就是爱情，那为什么两个人要相爱呢？难道答案就是为了爱情？我们还是不知道爱情是什么。这让我想起来一句歌词：因为爱，所以爱。这首歌曾被很多不知道为什么爱的人挂在嘴上安慰自己。在此基础上我又想问：为什么单爱这个人而不是另外一个人呢？虽有大爱无疆、大爱无痕，比如，我们给汶川地震受难同胞捐款，不需要具体的受灾对象，只要是受难群众就可以。可是如果爱就是为了爱，那么，爱情为什么发生在特定的某个对象身上，而不是所有的人呢？既然是单独、唯一的选择，那么爱情一定有可以被说明的原因和理由。

谈到忠诚，很容易让人联想到对爱情的忠诚，很多人对此都很疑惑，因为大学生中有毕业季等于分手季的说法。其实，在毕业季分手的人，并没有找到自己心中的爱情或为爱情真正付出什么，他们忠诚的是自己内心的情感体验。真正的爱情，应该是两个人共同努力的结果，并自觉承受责任和担当。爱情的忠诚，是相互之间的承诺和责任，可以用来规范双方的行为，是双方共同认同的爱的准则。由此而论，那种所谓的大男子主义或大女子主义，不过是一种托辞。一切爱情，如果没有责任和担当，何来忠诚可言？爱情也好，婚姻也罢，如果没有忠诚可言，一切都是虚幻。

所谓忠诚，是对情感的忠诚，对友情、爱情、亲情的忠诚。只有这样理解，才能懂得再好的情感也会有矛盾、分歧，但绝不会有背叛。当然，前提是这种具有双向性特征的情感已经被双方确立并接受，否则还谈不上背叛。人对还没有确立和接纳的感情是不能有什么要求的，这就是为什么恋爱前后人的感觉截然不同的原因。

爱情的旅程

恋爱的过程其实是人生历练的过程。经过恋爱历练，成熟的人可以更好地呵护美好的爱情。从品格形成的规律看，非经历痛苦的磨炼不能成就成熟的品格。因此，爱情的历练也是痛苦的。由此我们知道，只会享受爱情甜蜜的情侣即使在婚后还要经历煎熬和历练，不愿补课就只能分手。

没有一个人的初恋故事是不感人的，可是感人的初恋故事结局并非都是圆满的。因为人们总是在还不知道自己需要一个什么样的爱人时就坠入爱河。因此，初恋的失败虽在所难免，但就一个人的成长来说，还是十分有价值的。因为至少经历这次情感失败后，我们更加清楚自己的情感需求，知道该找一个什么样的人陪伴自己一生。

要相信，许多时候，你的爱永远没人懂！

电影可以制造出很多浪漫的爱情故事，可没有几个故事可以在本真平淡的现实生活中复制，只有孩子气的人会想着电影中的爱情故事有一天会发生在自己的身上。他们的爱情或是在梦想的等待中丧失，或是在刻意的诱惑中迷失，总之，不是真的生活。

没有人在爱情开始的时候就知道自己需要什么样的爱人。因此，爱情的生长将向三个方向延伸：一是越来越好，二是波澜不惊，三是选择分手。前两个选择结婚的可能性比较大，但往往是觉得越来越好的那一条路上最后离婚的也很多。而波澜不惊这一条路上的情侣们，往往能一直幸福美好地生活。

坚守表现为对承诺的执行，执行力越强，就说明这份承诺越厚重；执行力越弱，则反映这份承诺越单薄。如果说爱情这种抽象的东西可以用什么可见可感的具体事物或行为来表现的话，那么，承诺、信任与坚守就是最好的体现。承诺是表现于外的，既有语言上的海誓山盟，也有物质上的各类“信物”，这基本上是表达爱情的固定方式，自古有之。信任是体现于内的，是在对对方深刻了解的基础上建立起来的，是对于美好爱情的神圣信念。爱情不仅仅是一份美好的情感，更是一份承诺，一份信任，一份坚守。承诺的前提是对对方的信任，如果信任没有了，承诺就没有了基础，坚守就更没有意义了。

别指望爱情会帮你驱走寂寞。有一些人，尤其是青年大学生，谈恋爱不是为了结婚，而是为了驱走难熬的寂寞。其实无数的事实证明，这并不是明智的选择。如果对象找得不对，除了更加寂寞，就是徒增烦恼。因为爱情是情感的碰撞，是精神的寄托，是心灵的交流，更是温情的陪伴。

爱情不是打发寂寞的良药，相反会越陷越深。寂寞不是因为缺少爱，而是缺少共鸣——心灵的共鸣。很多人会因为寂寞去寻找爱情，这其实是错误的选择。无数的事实证明，因为寂寞而寻找爱情，往往不会有好的结果。因为爱情本来就不是用来消遣寂寞的。爱情虽然可以产生共鸣，但很多时候，它更关注情感本身的体验。因此，寂寞的时候应该想办法让自己的心灵获得充实，比如读书、从事公益事业等。

想找人说话，人家都有事；不想说话，却总有人在你身边；告别时回头看看，孑然一身；见面时礼节性地寒暄，不着边际；心无处安放，情无人倾听。于是，一个人，一盏灯，一张书桌……夜已深，窗外淅沥的雨，窗内湿漉的心，洗不尽的是惆怅，说不清的是孤身……

为什么爱情让人成熟？因为有了责任。责任使人有了担当，于是，考虑问题渐渐没有了一孔之见，处事不再是没有顾忌的毛头小伙。为什么你没有责任感？因为你没有找到自己的位置。一个责任感强的人，一定是一个对自身定位清晰的人。

我们可以搞不清爱情，也可以搞不清要爱的那个人，但不能搞不清自己，搞不清自己为什么要爱，要爱什么样的人，怎么样去爱一个人。也就是说，我们可以有糊涂的爱，但不可做糊涂的人。

不搞清楚爱情就有滋味了吗？糊涂的爱快乐在哪里？要是醒了看清楚了，爱还会在吗？所以有人说，恋爱前睁大眼睛，恋爱中睁一只眼闭一只眼，结了婚就干脆闭上两只眼。

当爱的双方发生冲突，应该听谁的？谁说得对，我们就照谁说的办。服从正确的一方，本来可以相安无事，但事实往往是服从了“不听我的就跟你没完”的那个人。

爱一个人很容易，懂一个人却很难。这就是人们在追求爱的旅程中为何很难满意的根源。亲情、友情、爱情无不如此。人们在爱的追求中最具核心价值的本质诉求常常难以满足，所以爱一个人好难……

爱是需要回应的，这种回应可以是鼓励，可以是抱怨，还可以是紧张的争执，但不管如何不能是冷漠的安静。回应可以帮助双方找到应对的方法或途径。积极的回应会有更好的结果，消极的回应会有积极的转机，只有冷漠的安静才会让人无所适从。

你因为什么喜欢他（她）爱他（她）并不重要，因为这只是你自己的内心感受。重要的是，你如何表达喜欢和爱对方呢？因为喜欢和爱而对他（她）充满期望，因此推动他（她）朝着你所期望的方向跋涉，这其实是不自觉地将自己捆绑在风险的情感刀刃上。按照你的方向跋涉了，你觉得爱对了，可一旦他（她）放弃了呢？

一般来说，结发夫妻情深意重，永世难忘，不仅因为这份感情是两个人共同耕耘所得，更是因为它是在两个人基本没有什么基础时的坚定承诺。这种高度的认同是后来的任何感情都难以超越的。因此，这或许是再婚的成功率不高的原因之一吧。

不同的人有不同的爱情体验和认识。如果年轻的时候就只是知冷知热，而没有亲热的表达，那是多么没有青春气息的爱情生活啊。虽然把爱情故事的片段当作爱情本身是不全面的，但是可能正是截取了这浪漫、温馨、令人心动的片段，才会使所有的人在爱情面前都会变得浮想联翩、温情脉脉。

什么是牵挂？就是自作多情地以为，他（她）想的人也和他（她）一样在想他（她）。

记得一位台湾女作家说过，人其实是为了快乐而活的。人们对于爱情的追求何尝不是如此？问题在于，“我”要的爱情是为了“我”的快乐，还是为了让“我们”两个人都快乐。事实一再证明，那种只是为了一个人快乐的爱情其实常常不快乐，追求两个人快乐的爱情才会给人带来真正的快乐。

对于热爱自由的人来说，爱情的幸福常常只是停留在彼岸世界的梅园。只有乐于经营自己的爱情小天地并且勇于和善于放弃自由的人，幸福才是放在嘴边的蒸熟了的腊肉。

用自己的方式去爱一个人，有什么错吗？这不好说。如果被爱的人恰好喜欢这种方式，这种爱的方式就是对的。如果被爱的人不喜欢，结果可能并不乐观。那你说吧，你想要我怎么爱你我就怎么爱你，这该可以了吧？这种没有主见的爱能靠得住吗？一个人究竟该如何去爱？

人们总是从自己的经验中来确定自己的感受。你的爱，如果与他们的经验不相吻合，就会被漠视。这怪不得他们，因为你其实并不了解他们。你所谓的爱，不过是你自己的感受而已。所以，为什么有代沟，为什么看上去深爱的人最后却分手了？为什么在同一个环境里生活的人却相处得很不和谐，为什么常常是乐于付出的人会活得很累？因为人们总是依据自己的经验去生活，而常常不会换位思考；因为人们总是从自己的情绪体验中选择表达情绪的方式，而常常忽视接受者是否需要。

别样的爱情

人们的恐惧心理，一般是因为在心理上有过相关的负面体验后才会形成。一方面是由于听过或看过某种事物，在头脑中形成了某种惊悚的记忆；另一方面是由于自己亲身经历了某种令自己感到失望或十分不愉快的事件，在心理上形成了某种负面的体验。对爱情的恐惧，可能大致是由这两个方面造成的。因此，如何克服，就要认真分析恐惧是怎么形成的。如果是听别人说或者是通过媒体看到的，那就大可不必，因为每个人的爱情都不同。爱情不是复制品，何必想象一个魔鬼来吓唬自己呢？如果是过去的爱情经历形成了心理阴影，也不必跟自己过不去，因为下一场的爱情对象已经换了。所以，在某种程度上，不用克服恐惧心理，忘掉过去重新开始就可以了。

生命的意义至少可以在两个层面上来考虑：一是在承上启下的层面体现对父辈们有限生命的延续，二是在发展的层面体现对前辈们事业追求的延续，两者分别从纵向、横向两个维度构建独立个体的现实价值。延续需要成功的爱情，需要个体的努力和与之相适应的社会环境。健康的体魄是获得这两者的决定条件。因此，无论如何，健康应是首先要顾及的。即使无法拥有爱情，也不能以生命相抵，因为生命是拥有爱情的前提和基础；即使无法实现事业上的追求，也不能因此而轻视生命。因为有了生命，才会有属于自己的事业，而没有了生命，一切都将不存在。

用生命换取爱情坚贞的美名，古往今来有多少人曾经持鼓励和赞美的态度？是孔雀东南飞，还是梁山伯与祝英台？那种凄美的爱情故事，何人真怜？如果没有了生命，爱情还可以永存吗？活着，除了爱情，还有很多！

有这样一种爱，他（她）不仅爱你，还要让你按照他（她）的爱情路线走下去，他（她）才会觉得自己付出的爱是值得的，也不管被爱的人在这条爱情之路上是怎么走的，走得怎么样。如同包办婚姻，以爱的名义将两个不爱的人绑在一起，爱是表达了，可是从此以后的苦难谁来承受呢？爱本是好事，结果却把好事办坏了，这是爱的人想要看到的吗？

爱一个人却让他活得痛苦，这是真爱吗？绝对不是！究其原因，不是不爱，而是不会爱！其实很简单，我劝天下所有人，请别以爱的名义来绑架自己爱的人！如果真爱，你就无私地帮助他，否则，就让他像所有孤独的人一样自由生活。或许他活得不是你想要的那样，但他一定活得自在，活得健康，活得幸福。

一个人能不能获得尊重和理解，不是看他（她）爱什么人或者以什么方式爱人，而是看他（她）做了什么事、怎样做事、效果如何，往大了说看他（她）承担的社会责任，往小了说看他（她）个人所尽的责任。

有同学问，男生排斥女生，喜欢和男生玩，这是不是传说中的“同性恋”。我认为，这样妄下结论不正确。在中学阶段，因为学校、家庭对于男女生交往有着严格的要求，所以男生女生都或多或少倾向和同性交往。刚刚步入大学，很多人是没有恋爱经历的。如何与异性交往，可能对于大学生来说是个全新的课题。那么在进入大学之初，有些男生对异性有排斥心理，喜欢和男生玩，这是很正常的。同性朋友走路的时候拉手、搂背以示亲热、感情好，表达了“喜欢和对方一起玩”这样的情感，并不是很多人想象的同性恋。

看着他（她），只能看着他（她），你不知道该说什么，不是因为无数的语言拥堵着不知所措，而是怎么也找不到合适的语言表达这种意外的邂逅。总之，该走了，从一个世界离开，去寻找一个适合自己的世界吧。人生的道路从来不是坦途，而是峰峦交错的山道，低谷时别气馁，巅峰时别骄傲。

失恋的沉思

失去爱情，人们痛苦的是什么？恋爱的过程越长，失去时痛苦越深，因为恋爱过程中滋生的情感因子越多。情感的因子包括信任、依赖、认同、安全感、幸福感、成就感、归属感等。由此可见，人们常说爱情是因为爱而生情，其实是颠倒了因果关系，事实是因情而生爱。如果有一天情不在了，爱必枯萎。

爱与距离关系不大，一个人如果爱一个人，距离是没有影响的。关键是，要知道你爱他（她）什么。你爱的这些内容如果没有失去，爱就应该存在；如果消失了，那失去爱的理由才是充分的。我们看到很多没有距离阻碍的浪漫爱情，最后却走向了死亡；我们也看到有距离阻碍的美好爱情，但最后还是甜蜜一生。这是因为距离不是分手的理由，爱需要的是信任、关爱和奉献。

感情可不可以尘封？这不是个问题，而是有时不得不做出的选择。当误解产生，当不再有共同语言，当不知该如何激发新的情感空间，唯有相敬如“冰”之时，昔日的感情就该尘封了。无论多么不舍，都不得不做出这样的选择，而这选择饱含着极端的无奈。

对于不想挽回爱情的失恋者来说，或许并不需要说太多，他（她）自己就可以从失恋的阴霾中走出来，让自己的生活重新充满阳光。而对于那些不想失去现实爱情的人来说，或许一时无法接受，更不能很快从现实的困境中走出来。但是时间会替我们抹去所有的伤痛，切记不可钻牛角尖。

不必为打碎的花盆而落泪，尽管你曾经为此付出很多心血，可以感到惋惜，但不必伤心。能够陪你一起走到终点只有一人，很多人只是你生命中匆匆的过客。旅途中的同伴或许只能陪你一程，但未必能走完全程，所以请不要迷失在想象的美好幻境中。

想为你写点什么，我知道你会看到，却不知从何说起……我总是在成长，在每一次受过心伤，将自作多情的长夜慢慢地送走，将曾经的期望放在落满灰尘的道场……看着自己笑笑，呵呵，说过的爱是多么荒唐，不过是为了一次未能圆满的梦想。一个脆弱而幼稚的心灵，怎么配得上宏伟的梦想？草不必做树的梦……

失恋未必都是苦涩的。人们怀念过去的一些美好是人之常情，但是不一定非要伴随着痛苦。尽管这是一种失去后的回忆，也应该是美好的。因为这段情感教会了你很多。因此，要走出情感的阴霾，可以采用移情的办法，就是当开始回忆的时候，如果不是感到美好，就不用去想，找件亟待解决的事情来做，或者找身边的同学或朋友聊天，也可以从思想认识、心理健康、实践能力三个层面进行必要的调整。首先要提高思想认识。失恋只是失去了一个不适合自己的对象，并没有失去爱的能力。即使是养一盆花，当花死去，我们也会感到惋惜。因此，失恋使人难过是很正常的，但不能深陷其中无法自拔。有些人很久都不能从失恋的阴霾中走出来，其根本原因是在思想认识上没有提高，好像这次失去爱情，一辈子都完了，都不可能再遇见美好的爱情了。其实不然。没有人天生知道该怎么谈恋爱，该找个什么样的人陪伴自己一辈子。失去的挫折会促使我们思考这个问题。塞翁失马，焉知非福？其次要注重心理健康。长时间不能从失恋中走出来，会导致心理失衡，从而引发心理健康问题。比如，感到自卑，感到不能被认同，等等。因此，要主动从失恋中逐步走出来，注意维护心理健康。比如，可以采用注意转移的方式，到户外走一走，到外地去旅游，帮助自己从失恋的痛苦中走出来。最后是在实践能力方面有所提升。没有人天生就会谈恋爱，失恋是很正常的事情。如何提高自己这方面的能力？要学会从失败中总结经验，比如，如何与异性相处，自己在恋爱中问题出在哪，如何在今后的生活中通过自我修养改善这些问题，等等。恋爱的过程是一个提高自身修养和能力的过程。

后　记

在探索思想政治教育工作的道路上，我先后尝试过很多方式。其中，与学生建立正常的沟通渠道，是我一直在坚持做的。经过较长时间的探索和整合，在安徽师范大学这片思想政治教育的沃土上，长出了一棵叫“丙辉漫谈”的树。这棵树一直向上生长。学生各不相同的需要，仿佛这棵树上的枝杈，不同的问题犹如一片片色彩斑斓的树叶。直到今天，拥有三十年树龄的“丙辉漫谈”已经枝繁叶茂。是该整理的时候了，好让它在今后的成长中更加繁盛，更好地为青年大学生的成长助力。

整理是一项复杂的工作。一方面，庆幸自己一直保留了大部分的信息，为整理提供了条件；而另一方面，在这浩繁的信息中删繁就简，也确实很伤神。过去的工作中，由于缺少整理归纳的意识，这次整理着实让我和我的学生费了一番心力：一是将我在微博和网页上的言论全部整理出来，二是将我多年前给学生的回信录入电脑形成电子文稿，三是将以上整理的内容归纳出大致类别，再次进行比较细致的归类，这才有了现在的成果。

整理的过程，也是学习的过程；阅读的过程，也是成长的过程。我和我的弟子们一起成长，一起反思和总结，感受成长的快乐。

在此向所有为本套丛书付出辛苦劳动的人表示真挚的感谢！

由于整理得比较仓促，也限于自己的水平，其中的一些言论或会贻笑大方，敬请捧腹，万勿私下生气。

路丙辉

二〇二二年一月三十日